财政部规划教材
全国财政职业教育教学指导委员会推荐教材
全国高职高专院校财经类教材

成本会计习题集

主　编　尹湘萍
副主编　钱　文　廖峻波

中国财经出版传媒集团
中国财政经济出版社

图书在版编目（CIP）数据

成本会计习题集 / 尹湘萍主编. ——北京：中国财政经济出版社，2020.8
财政部规划教材 全国财政职业教育教学指导委员会推荐教材 全国高职高专院校财经类教材
ISBN 978-7-5095-9825-2

Ⅰ.①成… Ⅱ.①尹… Ⅲ.①成本会计-高等职业教育-习题集 Ⅳ.①F234.2-44

中国版本图书馆 CIP 数据核字（2020）第 083522 号

责任编辑：樊　闽　　　　　责任校对：徐艳丽
封面设计：孙俪铭

中国财政经济出版社 出版

URL：http://www.cfeph.cn
E-mail：cfeph@cfeph.cn

（版权所有　翻印必究）

社址：北京市海淀区阜成路甲28号　邮政编码：100142
营销中心电话：010-88191537　北京财经书店电话：64033436　84041336
北京鑫海金澳胶印有限公司印刷　各地新华书店经销
787×1092毫米　16开　6印张　137 000字
2020年8月第1版　2020年8月北京第1次印刷
定价：17.00元
ISBN 978-7-5095-9825-2
（图书出现印装问题，本社负责调换）
本社质量投诉电话：010-88190744
打击盗版举报热线：010-88191661　QQ：2242791300

编写说明

本书是财政部规划教材,由财政部教材编审委员会组织编写并审定,可作为各类高职高专院校财会类专业学习"成本会计"课程的配套习题集。

"成本会计"课程是财会类专业的核心课程,是继"会计基础""财务会计"等课程之后开设的一门专业课程。该课程以制造业企业成本核算为主线,同时兼顾其他行业成本核算,与企业成本核算岗位紧密联系,具有较强的实践性和可操作性。

本书根据《成本会计》教材的体系和内容,与《成本会计》教材保持一致,具有以下几个特点:

(1)理实一体,教、学、练结合,具有较强的实践性和可操作性。本习题集配有大量的技能操作题,增强了学生的动手操作能力。

(2)保持先进性,使学生学以致用。本习题集根据《企业产品成本核算制度(试行)》(财会【2013】17号)、《企业会计准则——基本准则》(2014年版)、《关于修订印发〈企业会计准则14号——收入〉的通知》(财会【2017】22号)等最新财会法规编写。

(3)与时俱进,践行"绿水青山就是金山银山"理念。本习题集打破了传统成本会计的结构,增加了环境成本等成本会计创新内容并编制了相应习题,使学生了解环境成本对企业和社会的重要性,更好地保护环境。

(4)内容全面。本习题集包含了成本会计九项内容,即包括成本会计认知、生产经营费用的归集与分配、生产费用在完工产品与在产品之间的分配、产品成本核算方法概述、产品成本核算的基本方法、产品成本核算的辅助方法、创新成本、成本报表的编制与分析、其他行业成本核算等,分项目编写了单项选择题、多项选择题、判断题、简答题、技能操作题等五种习题,从而注重对学生全方位能力的培养。

(5)编写团队师资力量雄厚。本习题集编写团队由7人构成,副教授及以上职称4人,占57%以上,且都是教学一线的骨干教师,多年从事高职院校本专科成本会计教学工作及企业在职职工的培训工作,具有较强的教学和实践经验。

本书由云南财经职业学院尹湘萍担任主编,钱文和廖峻波担任副主编,云南财经职业学院杨发娇、赵剑锋、谢惟佳、高秋元等教师参编,具体分工如下:尹湘萍负责拟定编写大纲以及项目一和全书总纂及修改,项目二、项目七由钱文编写,项目三由杨发娇编写,项目四、项目五由廖峻波编写,项目六由谢惟佳编写,项目八由高秋元编写,项目九由赵剑锋编写。

本书为用书学校任课老师提供了习题答案,如有需要,请以电子邮件形式向中国财政经济出版社索取(请注明学校、全书名、版次、作者),Email:caijingjiaocai@163.com。

编者在编写过程中参考了大量的教材和论著,在此谨向这些作者深表谢意。由于编者水平有限,加之编写时间仓促,书中错误和不足之处在所难免,恳请读者批评指正,以便再版时修改完善。

本书的编写得到了云南财经职业学院和中国财政经济出版社的大力支持,深表感谢。

编 者

2020 年 5 月

目 录

项目一　成本会计认知 ……………………………………………………（ 1 ）

项目二　生产经营费用的归集与分配 ……………………………………（ 9 ）

项目三　生产费用在完工产品与在产品之间的分配 ……………………（ 18 ）

项目四　产品成本核算方法概述 …………………………………………（ 31 ）

项目五　产品成本核算的基本方法 ………………………………………（ 35 ）

项目六　产品成本核算的辅助方法 ………………………………………（ 46 ）

项目七　创新成本 …………………………………………………………（ 60 ）

项目八　成本报表的编制与分析 …………………………………………（ 66 ）

项目九　其他行业成本核算 ………………………………………………（ 76 ）

项目一

成本会计认知

一、单项选择题

1. 成本是产品价值中的（　　）部分。
   A. C + V + M   B. C + V
   C. V + M   D. C + M

2. 构成产品成本的各种耗费，是指企业的（　　）。
   A. 生产经营费用   B. 生产费用
   C. 生产费用和期间费用   D. 期间费用

3. 产品成本是相对于一定（　　）而言的。
   A. 数量种类的产品   B. 会计期间
   C. 会计主体   D. 生产类型

4. 集中工作方式和分散工作方式是指企业内部（　　）的分工方式。
   A. 各级成本会计机构   B. 成本会计职能
   C. 成本会计对象   D. 成本会计任务

5. 下列各项中，不应计入产品生产成本的是（　　）。
   A. 生产产品领用的原材料   B. 车间照明的电费
   C. 预计产品质量保证损失   D. 车间管理人员的薪酬

6. 应由本期成本负担的费用，不论是否已经支付，都要计入本期成本；不应由本期成本负担的费用（即已计入以前各期的成本，或应由以后各期成本负担的费用），虽然在本期支付，也不应计入本期成本，以便正确提供各项目的成本信息。指的是成本核算的（　　）原则。
   A. 权责发生制   B. 收付实现制
   C. 分期核算   D. 可比性

7. 下列属于收益性支出的是（　　）。
   A. 购置设备一台，支出 1 万元   B. 交纳照明电费 2 万元
   C. 购买专利技术，支出 2 万元   D. 购置运输设备支出 1 万元

8. 需要在各个成本核算对象之间分配的生产费用数额，是指（　　）。
   A. 期初在产品成本   B. 本期发生的生产费用

C. 期末在产品成本　　　　　　　D. 期末在产品成本加上本期发生的生产费用

9. 成本项目是指生产费用按其（　　）分类。
   A. 经济用途　　　　　　　　　　B. 与产品产量的关系
   C. 经济性质　　　　　　　　　　D. 计入成本的方式

10. 直接计入费用是指（　　）。
    A. 直接列作当期损益的费用
    B. 产品生产过程中的直接费用
    C. 可以直接计入某种产品（成本核算对象）成本的费用
    D. 由于产品生产工艺本身发生的费用

11. 工业企业"生产成本"账户的期末借方余额表示企业（　　）。
    A. 自制半成品成本　　　　　　　B. 尚未加工完成的各项在产品成本
    C. 尚待摊销的成本　　　　　　　D. 在产品和自制半成品成本

12. "制造费用"账户（　　）。
    A. 期末余额在贷方
    B. 不应当有期末余额
    C. 除季节性生产企业外，期末应无余额
    D. 除季节性生产企业外，期末有借方余额

13. 成本会计的各项职能中，（　　）是成本决策的前提。
    A. 成本计划　　　　　　　　　　B. 成本预测
    C. 成本控制　　　　　　　　　　D. 成本核算

14. 成本会计的最基本职能是（　　）。
    A. 成本预测　　　　　　　　　　B. 成本决策
    C. 成本核算　　　　　　　　　　D. 成本分析

15. 企业核算时，下列项目中不能计入产品成本的费用是（　　）。
    A. 企业管理人员的工资及社保费　　B. 车间消耗的动力费用
    C. 生产工人的工资及社保费　　　　D. 车间管理人员的工资及社保费

16. 成本会计的分散工作方式通常适用于（　　）的企业。
    A. 与生产特点有关　　　　　　　B. 成本会计工作比较简单
    C. 所有类型　　　　　　　　　　D. 成本会计工作比较复杂的大中型

17. 某企业只生产和销售甲产品，2020年4月初，在产品成本为3.5万元。4月份发生如下费用：生产耗费材料6万元，生产工人工资2万元，行政管理部门人员工资1.5万元，制造费用1万元。月末在产品成本3万元，该企业4月份完工产品的生产成本为（　　）万元。
    A. 9.50　　　　　　　　　　　　B. 12.50
    C. 11　　　　　　　　　　　　　D. 9

18. 正确划分各种费用支出的界限应当遵循的原则是（　　）。
    A. 承受能力原则　　　　　　　　B. 权责发生制原则
    C. 因果原则　　　　　　　　　　D. 受益原则

19. 下列各项中，企业生产产品耗用的外购半成品费用应归类的成本项目是（　　）。

A. 直接材料 B. 制造费用
C. 燃料及动力 D. 直接人工

20. 期末如果既有完工产品成本,又有在产品,企业应将(　　)在本期完工产品和期末在产品之间进行分配。

A. 期初在产品成本
B. 本期发生的生产费用
C. 期初在产品成本加上本期发生的生产费用(累计生产费用)
D. 本期发生的生产费用减去期初在产品成本

二、多项选择题

1. 下列各项中,不应计入产品成本的有(　　)。
   A. 生产设备日常修理费 B. 生产车间业务招待费
   C. 生产设备报废净损失 D. 生产设备计提的折旧费

2. 下列各项中,应计入产品成本的支出有(　　)。
   A. 直接材料 B. 直接燃料
   C. 直接动力 D. 生产车间管理人员的福利支出

3. 下列各项中,属于制造企业设置的成本项目有(　　)。
   A. 制造费用 B. 废品损失
   C. 直接人工 D. 材料成本

4. 下列属于甲产品的直接成本的有(　　)。
   A. 生产甲产品耗用的原材料费用 10 000 元
   B. 生产甲产品耗用的动力费用 5 000 元
   C. 车间机器设备的折旧费用 2 000 元
   D. 车间管理人员的薪酬 4 000 元

5. 成本会计的基础工作主要是指建立健全(　　)。
   A. 原始记录制度 B. 定额管理制度
   C. 物资的计量和验收制度 D. 内部结算价格制度

6. 下列各项中,不应计入本期费用、成本的有(　　)。
   A. 产品生产工人和车间管理人员工资
   B. 购建固定资产、无形资产的支出
   C. 专设销售机构支出
   D. 捐赠、赞助支出

7. 为了正确划分费用与成本的界限,企业不得(　　)。
   A. 将应计入产品成本的生产费用列为期间费用
   B. 将制造费用计入产品成本
   C. 将期间费用计入产品成本
   D. 将生产费用计入产品成本

8. 正确划分各种产品成本的界限,是指(　　)。

A. 能直接计入某种产品成本的生产费用，应当直接计入

B. 不能直接计入某种产品成本的生产费用，应当采用一定标准在各种产品之间分配后再计入

C. 各种费用都应当直接计入该种产品的成本

D. 制造费用应当直接计入产品成本

9. 生产费用在各个成本核算对象之间的归集和分配，必须注意（　　）。

A. 应按成本项目归集和分配生产费用

B. 归集和分配的只是本期发生的生产费用

C. 归集和分配的原则是"受益原则"

D. 归集和分配的费用包括期间费用

10. 成本会计的任务主要有（　　）。

A. 正确计算产品成本，及时提供成本信息

B. 优化成本决策，确立目标成本

C. 加强成本控制，防止挤占成本

D. 建立成本责任制度，加强成本责任考核

11. 成本会计的职能有（　　）。

A. 成本分析　　　　　　　　　B. 成本决策

C. 成本考核　　　　　　　　　D. 成本计划

12. 成本核算的一般程序包括（　　）。

A. 确定成本计算对象　　　　　B. 确定成本项目

C. 设置有关成本和费用明细账　D. 结转产品销售成本

13. 企业对应由本期负担的直接计入当期损益的各项费用可设置（　　）等账户核算。

A. 销售费用　　　　　　　　　B. 长期待摊费用

C. 管理费用　　　　　　　　　D. 财务费用

14. 下列费用中属于制造费用项目的有（　　）。

A. 生产单位管理人员的薪酬

B. 生产单位全体人员的薪酬

C. 生产单位的固定资产折旧费

D. 企业行政管理部门的固定资产折旧费

15. 生产费用在本期完工产品和期末在产品之间分配，必须注意（　　）。

A. 生产费用的分配应当分成本项目进行

B. 分配的是生产费用的合计数，即期初在产品成本加上本期发生的生产费用

C. 制造费用全部计入完工产品成本

D. 期间费用全部计入完工产品成本

三、判断题

1. 企业进行成本核算时，应根据生产经营特点和管理要求来确定成本核算对象。（　　）

2. 成本是企业为生产产品、提供劳务而发生的各种耗费。因此，成本是对象化的生产

费用。（ ）

3. 成本会计的基本工作是成本预测工作。（ ）
4. 成本会计工作制度可以由企业自行制定，不受国家法律、行政法规和规章的约束。（ ）
5. 产品生产成本是企业为生产一定种类和数量的产品所发生的各种耗费的总和，不包括销售费用、管理费用和财务费用。（ ）
6. 成本会计就是计算成本的会计，不应包括成本计划和成本控制等内容。（ ）
7. 费用是指企业在日常活动中发生的、会导致所有者权益减少的、与向所有者分配利润无关的经济利益的总流出。（ ）
8. 期间费用计入产品成本，可以提高企业的盈利水平。（ ）
9. 企业本期发生的生产费用，都应直接计入各种产品成本。（ ）
10. 期末，企业必须按成本项目，将生产费用合计数在本期完工产品和期末在产品之间进行分配。（ ）
11. 企业产品成本核算采用的会计政策和会计估计一经确定，不得随意变更。（ ）
12. 成本项目是指构成产品成本的项目，它是生产费用按经济用途的分类。（ ）
13. 同一车间的不同产品，不能使用不同的成本计算方法。（ ）
14. 正确划分各种费用支出的界限应当遵循的原则是权责发生制原则。（ ）
15. 产品成本是费用总额的一部分，包括为生产一定种类或数量的完工产品的费用及期末未完工产品的费用。（ ）

四、简答题

1. 简述产品成本与费用的关系。

2. 简述成本会计的概念及职能。

3. 成本会计的任务有哪些?

4. 简述集中核算方式和分散核算方式的含义、优缺点和适用范围。

五、技能操作题

1. 某企业发生下列支出：
（1）车间机器设备应计提的折旧；
（2）生产产品领用原材料的成本；
（3）车间厂房的保险费；
（4）车间的水电费；
（5）采购部经理的薪酬；
（6）销货人员的佣金；
（7）生产工人的工资；
（8）行政管理部门人员的薪酬；
（9）短期借款利息；
（10）生产产品所用机器耗用的柴油费用。
要求：请正确划分以上支出应归属于何种成本费用。

2. 某企业 6 月份有关数据如下：

（1）购进材料 20 万元，其中 80% 被生产领用；

（2）生产工人工资 10 万元，车间管理人员工资 2 万元，企业管理人员工资 3 万元，销售机构人员工资 1 万元；

（3）贷款购买设备支付利息 8 000 元；

（4）发生广告费 2 万元；

（5）生产设备计提折旧 5 000 元。

要求：根据上述有关数据计算该企业 6 月份的产品成本。

项目二

生产经营费用的归集与分配

一、单项选择题

1. 下列会计科目中，（   ）是核算直接用于产品生产的燃料费用。
   A. "销售费用"　　　　　　　　B. "基本生产成本"
   C. "制造费用"　　　　　　　　D. "管理费用"

2. 直接用于产品生产的动力费用，在不设"直接燃料和动力"成本项目的情况下，应记入的会计科目是（   ）。
   A. "销售费用"　　　　　　　　B. "基本生产成本"
   C. "制造费用"　　　　　　　　D. "管理费用"

3. 计算分配工作最为简便的辅助生产费用分配方法是（   ）。
   A. 交互分配法　　　　　　　　B. 代数分配法
   C. 直接分配法　　　　　　　　D. 顺序分配法

4. 下列说法正确的是（   ）。
   A. 在计件工资制度下，产品生产工人的工资费用是间接生产费用，也是间接计入费用
   B. 在计件工资制度下，产品生产工人的工资费用是间接生产费用，但属于直接计入费用
   C. 在计件工资制度下，产品生产工人的工资费用是直接生产费用，也是直接计入费用
   D. 在计件工资制度下，产品生产工人的工资费用是直接生产费用，但属于间接计入费用

5. 辅助生产费用分配法中的直接分配法是将（   ）。
   A. 辅助生产费用直接分配给辅助车间以外的各受益单位的方法
   B. 辅助生产费用直接分配给各受益单位的方法
   C. 辅助生产费用直接分配给受益的各基本生产车间的方法
   D. 辅助生产费用直接计入管理费用的方法

6. 辅助生产费用分配法中的交互分配法，其第一次分配后的实际费用，应在（   ）。
   A. 各辅助车间之间进行分配
   B. 各受益的基本车间之间进行分配
   C. 辅助车间以外的受益单位之间进行分配

D. 各受益单位之间进行分配

7. 季节性生产企业适用的制造费用分配法是（　　）。
   A. 机器工时比例法　　　　　　　B. 按年度计划分配率分配法
   C. 生产工时比例法　　　　　　　D. 生产工人工资比例法

8. 下列项目中不属于废品损失内容的是（　　）。
   A. 不可修复废品的报废损失　　　B. 实行"三包"损失
   C. 修复废品人员工资　　　　　　D. 修复废品领用材料

9. 在月末分配制造费用时，对于机械化程度较高的生产企业适宜采用的分配方法是（　　）。
   A. 机器工时比例法　　　　　　　B. 年度计划分配率法
   C. 生产工时比例法　　　　　　　D. 工资比例法

10. 在月薪制下，缺勤工资的计算所使用的项目包括（　　）。
    A. 日工资额、缺勤天数　　　　　B. 工资总额、缺勤天数、扣发比例
    C. 工资总额、缺勤天数　　　　　D. 日工资额、缺勤天数、扣发比例

11. 下列项目中，不得计入产品成本费用的是（　　）。
    A. 房产税、车船税　　　　　　　B. 有助于产品形成的辅助材料
    C. 车间厂房折旧费　　　　　　　D. 车间机物料消耗

12. 在产品消耗定量比较准确且材料消耗比较单一的条件下，原材料费用应该使用（　　）进行分配。
    A. 材料定额耗用量分配法　　　　B. 年度计划分配率法
    C. 材料实际耗用量分配法　　　　D. 材料定额费用分配法

13. 某企业按月薪制计算职工薪酬，月工作天数按 20.9 天计算，某员工参加工作不到一年，月标准工资 4 180 元，本月出勤 19 天，双休日 8 天，病假 3 天（不含双休日节假日），病假工资按标准工资的 60% 发放，本月日历天数为 30 天，则该员工本月的应付计时工资为（　　）元。
    A. 3 960　　　　　　　　　　　B. 4 180
    C. 3 860　　　　　　　　　　　D. 3 940

14. 某工厂采用计时工资制，应该采用（　　）分配标准分配基本生产车间工人的工资费用才较为合理。
    A. 计划工时　　　　　　　　　　B. 机器工时
    C. 实际工时　　　　　　　　　　D. 定额工时

15. 车间领用材料，直接材料 10 000 元，其中用于生产产品 9 000 元，修复废品 1 000 元；辅助材料 4 000 元，其中用于生产产品 3 000 元，车间一般消耗 1 000 元，则材料费用中应计入制造费用的金额为（　　）元。
    A. 4 000　　　　　　　　　　　B. 2 000
    C. 1 000　　　　　　　　　　　D. 14 000

二、多项选择题

1. 下列的分配标准中，直接材料费用的分配可以采用（　　）。
   A. 产品的体积　　　　　　　　B. 产品的重量
   C. 直接材料定额消耗量　　　　D. 直接材料定额费用

2. 下列的计时工资分配标准中，生产工人工资的分配可以采用（　　）。
   A. 产品的实际生产工时　　　　B. 产品的定额生产工时
   C. 产品的售价　　　　　　　　D. 产品的体积

3. 应计入产品成本的职工薪酬费用包括（　　）。
   A. 基本生产车间辅助工人的薪酬费用　　B. 企业专设销售机构人员的薪酬费用
   C. 产品生产工人的薪酬费用　　　　　　D. 基本生产车间管理人员的薪酬费用

4. "基本生产成本"科目明细账一般有（　　）。
   A. "直接燃料和动力"　　　　　B. "制造费用"
   C. "直接材料"　　　　　　　　D. "直接人工"

5. 在下列方法中，不对辅助生产费用进行两次或两次以上分配的方法有（　　）。
   A. 交互分配法　　　　　　　　B. 代数分配法
   C. 顺序分配法　　　　　　　　D. 直接分配法

6. 计划成本分配法是辅助生产费用分配的重要方法，是因为它具有以下优点（　　）。
   A. 便于考核和分析受益单位的经济责任
   B. 可以反映辅助生产车间产品或劳务的成本差异
   C. 分配结果最为正确
   D. 可以简化和加速计算分配工作

7. 下列项目中，要通过"制造费用"科目核算辅助生产车间制造费用的有（　　）。
   A. 辅助生产不对外销售产品或提供劳务
   B. 辅助生产对外销售产品或提供劳务
   C. 辅助生产车间规模较大，发生的制造费用较多
   D. 辅助生产车间规模很小，发生的制造费用很少

8. 发生废品损失时，借记"废品损失"科目，贷记（　　）。
   A. "应付职工薪酬"　　　　　　B. "原材料"
   C. "基本生产成本"　　　　　　D. "制造费用"

9. 下列项目中，属于停工损失的有（　　）。
   A. 停工期内支付的生产工人工资　　B. 停工期内应负担的制造费用
   C. 季节性生产企业停工期内的费用　　D. 停工期内耗用的燃料和动力费用

10. 下列项目中，应该记入"制造费用"科目借方的是（　　）。
    A. 车间管理人员工资　　　　　B. 车间生产工人工资
    C. 车间机物料消耗　　　　　　D. 车间固定资产折旧

11. 下列原始凭证中，计算应付工资需要考虑的有（　　）。
    A. 工作班产量记录　　　　　　B. 工作通知单

C. 考勤簿 D. 产量记录

12. 下列程序中，属于编制产品成本费用分配表的是（　　）。
    A. 计算费用分配率
    B. 计算每一受益对象应负担的费用金额
    C. 确定各个产品成本费用受益对象的分配标准
    D. 确定被分配费用的金额

13. 下列费用中，属于直接计入产品成本的有（　　）。
    A. 车间管理人员工资 B. 车间生产人员工资
    C. 车间照明用电费 D. 构成产品实体的原材料费用

14. 可修复废品产生后，"废品损失"账户的借方反映（　　）。
    A. 可修复废品的原价值 B. 有关赔偿的金额
    C. 可修复废品的材料费用 D. 可修复废品的人工费用

15. 某工厂有基本生产车间和机修辅助生产车间。为生产产品领用直接材料50 000元，其中用于生产产品45 000元，设备维修5 000元；领用辅助材料10 000元，其中用于生产产品8 000元，车间一般消耗2 000元，则下列的会计处理正确的是（　　）。
    A. 计入基本生产成本50 000元 B. 计入辅助生产成本10 000元
    C. 计入基本生产成本53 000元 D. 计入辅助生产成本5 000元

三、判断题

1. 间接计入费用都是间接生产费用，直接计入费用都是直接生产费用。（　　）
2. 销售费用、管理费用、财务费用要计入当期损益。（　　）
3. 对原材料费用的分配，只能使用原材料定额消耗量比例分配法和原材料定额费用比例分配法。（　　）
4. 季节性生产企业分配制造费用后，"制造费用"科目期末余额为0。（　　）
5. 可修复废品是指技术上可行、经济上划算的可以修复的废品。（　　）
6. "制造费用"科目的核算内容包括没有专设成本项目但直接用于产品生产的基本生产车间发生的各项费用。（　　）
7. 企业生产多种产品，如果采用计时工资制度，则产品生产工人的职工薪酬费用不需要采用一定的分配标准进行分配。（　　）
8. 利息费用是管理部门发生的期间费用。（　　）
9. 在辅助生产费用分配法中，将辅助生产费用直接分配给所有受益单位的方法叫作直接分配法。（　　）
10. 将交互分配前的费用加上交互分配时转入的费用减去交互分配时转出的费用就是交互分配法下对外分配的辅助生产费用。（　　）
11. 进行直接人工和制造费用分配时，其分配标准可以相同。（　　）
12. 制造业的生产成本中包含所有的辅助生产成本费用。（　　）
13. 应付计件工资的产品数量中，应该包括因为料废原因而导致的废品数量。（　　）
14. 企业要使每个月的日工资率相等，必须保证每个月的月标准工资相同。（　　）

15. 不同企业的产品成本费用分配表的格式可以不同。（　　）

四、简答题

1. 简述材料定额消耗量比例分配法的含义和计算程序。

2. 简述辅助生产费用分配的直接分配法的含义、适用范围和计算公式。

3. 简述制造费用年度计划分配率分配法含义及其分配步骤。

4. 简述废品损失含义、价值构成及其核算种类。

五、技能操作题

1. 某工厂生产甲、乙产品，甲产品的单位材料消耗定额为 7.5 千克，乙产品的单位材料消耗定额为 5 千克。2020 年 7 月甲、乙两种产品领用某材料 2 200 千克，每千克 10 元。本月投产的甲产品为 100 件，乙产品为 125 件。

要求：采用材料定额消耗量比例分配法分配甲、乙产品应负担的材料费用并编制相应的会计分录。

2. 某工厂基本生产车间采用计时工资制度生产甲、乙两种产品，2020 年 7 月共发生生产工人工资 10 000 元，甲、乙产品生产工时分别为 150 小时、100 小时。

要求：按生产工时比例分配法分配职工薪酬费用并编制相应的会计分录。

3. 某工厂的供水和供电两个辅助车间为第一、第二两个基本车间、企业行政管理部门提供水电，工厂生产甲乙两种产品。2020 年 9 月供水车间供水 378.5 吨，水费 2 110 元，其中向供电车间提供 1.5 吨；供电车间供电 980 度，电费 1 500 元，其中向供水车间提供 15 度，其他劳务数量如表 2 – 1 所示。基本车间甲乙产品的电费按工时定额进行分配，第一车间甲、乙产品工时定额分别为 200 小时、100 小时；第二车间甲、乙产品工时定额分别为 400 小时、100 小时。

表 2 – 1　　　　　　　　辅助生产车间提供的劳务数量　　　　　　　　单位：吨·度

部门			供水车间	供电车间
基本生产车间	第一车间	生产		750
		车间	60	6
	第二车间	生产		30 + 15
		车间	150 + 130	8 + 6
辅助生产车间	供水车间	生产		15
	供电车间	生产	1.5	
企业行政管理部门			25 + 12	100 + 50
合计			378.5	980

要求：采用交互分配法分配其辅助生产费用。

4. 某工厂 2020 年 9 月末的第一车间、第二车间的制造费用分别是 1 514.83 元、3 046.72 元。每个车间甲乙产品的生产时间为：第一车间 175 小时和 75 小时，第二车间 300 小时和 75 小时。

要求：采用生产工时比例法分配甲、乙产品承担的制造费用。

5. 某工厂基本车间生产甲产品，材料于生产开始时一次投入，产品完工程度为50%。2020年9月甲产品生产1 250件，生产成本349 000元，其中，直接材料250 000元，直接人工61 875元，制造费用37 125元，生产中发现25件不可修复废品，回收废品残料1 250元。

要求：采用按废品所耗实际费用计算的实际成本法计算废品损失并进行相应的账务处理。

项目三

生产费用在完工产品与在产品之间的分配

一、单项选择题

1. 对于车间管理不善造成的在产品盘亏和毁损的净损失，批准处理时应记入（　　）科目的借方。
   A. "生产成本"　　　　　　　　B. "制造费用"
   C. "管理费用"　　　　　　　　D. "营业外支出"

2. 狭义在产品就某一车间或某一生产步骤而言，是指某车间或某一生产步骤正在加工中的（　　）。
   A. 库存商品　　　　　　　　　B. 完工自制半成品
   C. 在制品　　　　　　　　　　D. 等待返修的废品

3. 产品生产费用的成本项目不包括（　　）。
   A. 直接材料　　　　　　　　　B. 直接人工
   C. 制造费用　　　　　　　　　D. 管理费用

4. 生产费用在完工产品和在产品之间的分配方法，通常可采用的方法有（　　）。
   A. 品种法　　　　　　　　　　B. 分批法
   C. 约当产量法　　　　　　　　D. 分步法

5. 甲产品月末在产品只计算原材料费用。该产品月初在产品原材料费用为 5 000 元；本月发生的原材料费用 3 000 元。原材料均在生产开始时一次投入。本月完工产品 400 件，月末在产品 100 件。据此计算的甲产品本月末在产品原材料费用是（　　）元。
   A. 6 400　　　　　　　　　　　B. 600
   C. 1 000　　　　　　　　　　　D. 1 600

6. 某产品经三道工序加工而成。各工序的工时定额分别为 10 小时、10 小时、20 小时。各工序在产品在本工序的完工程度按工时定额的 50% 计算。则第三工序的完工程度为（　　）。
   A. 40%　　　　　　　　　　　B. 50%
   C. 75%　　　　　　　　　　　D. 100%

7. 某企业各项消耗定额或成本定额比较准确、稳定，且月末在产品数量变化不大，生产成本在完工产品和月末在产品之间进行分配，一般采用（　　）。

A. 不计算在产品成本法　　　　　　B. 在产品按固定成本计价法
C. 在产品按定额成本计价法　　　　D. 定额比例法

8. 如果某种产品的月末在产品数量较大，各月在产品数量变化也较大，且产品成本中原材料费用和加工费用所占比重相差不多，生产费用在完工产品与在产品之间分配采用的方法是（　　）。

A. 不计算在产品成本法　　　　　　B. 约当产量法
C. 在产品按固定成本计算法　　　　D. 定额比例法

9. 定额管理基础较好，各项消耗定额或费用定额较准确、稳定，但各月末在产品数量变动较大的产品，适用的分配方法是（　　）。

A. 在产品按定额成本计价法　　　　B. 在产品按完工产品计算法
C. 定额比例法　　　　　　　　　　D. 在产品按固定成本计价

10. 企业产品成本中原材料费用所占比重较大时，月末可采用的在产品和完工产品之间分配的方法是（　　）。

A. 在产品成本按年初数固定计算
B. 在产品成本按其所耗的原材料费用计算
C. 不计算在产品成本
D. 约当产量法

11. 某产品由三个生产步骤制成，第一步骤 20 小时，月末在产品 100 件；第二步骤 10 小时，月末在产品 200 件；第三步骤 20 小时，月末在产品 100 件。各步骤在产品完工程度均为 50%，那么，据此计算月末在产品的约当产量为（　　）件。

A. 20　　　　　　　　　　　　　　B. 100
C. 200　　　　　　　　　　　　　D. 80

12. 原材料在生产开始时一次投入，则投料程度为（　　）。

A. 100%　　　　　　　　　　　　B. 加工程度
C. 50%　　　　　　　　　　　　　D. 0

13. 某车间月末在产品共有 200 件，其中有 80 件完工程度为 40%，70 件完工程度为 50%，其余的完工程度为 60%，则在产品的约当产量为（　　）件。

A. 100　　　　　　　　　　　　　B. 95
C. 97　　　　　　　　　　　　　　D. 98

14. 企业完工并验收入库产成品成本应结转记入（　　）科目。

A. "原材料"　　　　　　　　　　　B. "周转材料——低值易耗品"
C. "库存商品"　　　　　　　　　　D. "在产品"

15. 直接材料费用在完工产品与在产品之间分配采用约当产量法计算在产品约当产量，应确定（　　）。

A. 投料程度　　　　　　　　　　　B. 加工程度
C. 加工费用　　　　　　　　　　　D. 无须确定

二、多项选择题

1. 广义在产品是从企业整体角度来说，是指正处于企业各个生产车间加工中的（　　）。
   A. 库存商品　　　　　　　　　　B. 完工自制半成品
   C. 在制品　　　　　　　　　　　D. 返修中的废品

2. 采用倒挤法计算完工产品成本，受到（　　）的影响。
   A. 月初在产品成本　　　　　　　B. 本月生产费用
   C. 月末在产品成本　　　　　　　D. 等待返修的废品

3. 生产费用在完工产品和在产品的分配过程中，企业应考虑（　　）等情况，来选择确定企业恰当可行的分配方法。
   A. 月末在产品数量的多少　　　　B. 各月末在产品数量变化的大小
   C. 各项生产费用在成本中的比重　D. 定额是否准确、稳定

4. 下列各项中，属于生产费用在完工产品与月末在产品之间进行分配的方法有（　　）。
   A. 约当产量比例法　　　　　　　B. 在产品按固定成本计价法
   C. 在产品按定额成本计价法　　　D. 在产品按所耗直接材料费用计价法

5. 下列各项中，完工产品和在产品之间分配生产费用的方法主要包括（　　）。
   A. 约当产量比例法　　　　　　　B. 定额比例法
   C. 直接分配法　　　　　　　　　D. 交互分配法

6. 完工产品与月末在产品之间分配生产费用的约当产量法可以用来分配（　　）。
   A. 直接材料　　　　　　　　　　B. 直接人工
   C. 制造费用　　　　　　　　　　D. 管理费用

7. 生产费用在完工产品与在产品之间分配采用在产品按定额成本计价法，应具备的条件有（　　）。
   A. 定额管理基础较好
   B. 各月末在产品数量变化较大
   C. 各月末在产品数量变化较小
   D. 各项消耗定额或费用定额比较准确、稳定

8. 下列各项中，属于生产成本在完工产品与月末在产品之间分配的方法的有（　　）。
   A. 直接分配法　　　　　　　　　B. 约当产量比例法
   C. 不计算在产品成本法　　　　　D. 定额比例法

9. 定额比例法一般适用于（　　）。
   A. 消耗定额或费用定额比较准确　B. 消耗定额或费用定额比较稳定
   C. 各月末在产品数量变化较大　　D. 各月末在产品数量变化不大

10. 需要应用定额资料来计算月末在产品成本的方法有（　　）。
    A. 定额比例法　　　　　　　　　B. 在产品按固定成本计算法
    C. 在产品按定额成本计算法　　　D. 约当产量法

11. 按约当产量法计算在产品成本的适用条件是（　　）。
    A. 月初在产品数量较多　　　　B. 月末在产品数量较多
    C. 各月在产品数量变化大　　　D. 各成本项目在产品成本所占比重相差不大
12. 计算在产品约当产量时，应考虑的因素有（　　）。
    A. 原材料投料方式　　　　　　B. 月末各工序在产品数量
    C. 在产品加工程度　　　　　　D. 制造费用
13. 在分工序生产的企业里，原材料的投料方式通常有（　　）。
    A. 在生产开始时一次投入　　　B. 在各个工序开始时一次投入
    C. 购进一个月后投入　　　　　D. 随着加工程度陆续投入
14. 本月生产费用合计的分配，由企业生产产品的（　　）来确定。
    A. 本月产品全部完工　　　　　B. 本月产品全部未完工
    C. 本月既有完工产品又有在产品　D. 无须视生产情况
15. 生产费用在完工产品与在产品之间分配采用约当产量法计算在产品约当产量，应考虑（　　）。
    A. 各种产品投料方式　　　　　B. 各项加工费用发生的时间
    C. 不考虑各种产品投料方式　　D. 不考虑各项加工费用发生的时间

三、判断题

1. 期初在产品与期末在产品的数量基本平衡的情况下，本月生产费用就是本月完工产品成本，可以不考虑期初和期末在产品负担的生产成本。（　　）
2. 约当产量就是将月末在产品数量按照完工程度折算为相当于完工产品的数量。（　　）
3. 由于完工程度不同，完工产品与月末在产品所负担的各项加工费用均不能按它们的数量比例分配计算，而应按约当产量比例分配计算。（　　）
4. 企业所有产品均需要在月末将其生产费用的累计数在完工产品与在产品之间进行分配。（　　）
5. 在产品按所耗直接材料费用计算法适用于月末在产品数量较多、变化较大，且生产成本中各项成本项目比重相差不大的产品。（　　）
6. 如果某种产品，月末在产品按固定成本计算，那么该种产品本月发生的生产费用就是本月完工产品的成本。（　　）
7. 当期末在产品数量很小时，对生产费用在完工产品和在产品之间进行分配时，可以不考虑期末在产品应负担的生产费用。（　　）
8. 生产费用在完工产品和在产品之间的分配，其实质是指生产费用在完工产品与广义在产品之间的分配。（　　）
9. "生产成本——基本生产成本"账户出现借方余额，就是基本生产车间月末在产品成本。（　　）
10. 约当产量法和交互分配法都是计算企业生产费用在完工产品与月末在产品成本分配的方法。（　　）

11. 在产品按所耗直接材料费用计算法,适用于在产品数量较多且比较稳定的产品。
( )
12. 本月生产费用合计是指本月发生的生产费用与月末在产品成本的合计。 ( )
13. 如果原材料随产品生产加工过程逐步、均匀分次投入,即在产品投料程度与生产加工进度基本保持一致,在产品投料程度无须按加工程度确定。 ( )
14. 定额比例法适用于各月在产品数量变动不大,定额管理基础较好,定额资料又较准确,月初、月末在产品应负担的差异基本上可以互相抵消或在产品的实际成本与定额成本出现的差异对完工产品的实际成本影响不大的生产企业。 ( )
15. 完工入库产成品的成本,应转入"主营业务成本"账户的借方。 ( )

四、简答题

1. 对于在产品清查结果如何进行核算?

2. 生产费用在完工产品与在产品之间分配的常用方法有哪几种?

3. 什么是约当产量法？其适用范围是什么？

4. 什么是定额比例法？生产费用在完工产品与在产品如何使用定额比例法进行计算分配？

五、技能操作题

1. 清风工厂 2020 年 12 月，基本生产车间在产品清查结果如下：甲产品的在产品盘盈 30 件，费用定额 100 元；乙产品的在产品盘亏 20 件，费用定额 50 元，其中应由过失人赔款 500 元；丙产品的在产品毁损 500 件，费用定额 30 元，其中自然灾害损失 6 000 元，残料入库价值 1 000 元，其余损失由于车间管理不善造成。以上事项均已批准转账。

要求：根据以上资料编制相应的会计分录。

2. 清风工厂2020年9月，甲产品月初在产品制造费用5 000元，本月发生制造费用10 000元，月初在产品定额工时400小时，本月投入定额工时1 500小时，本月完工400件，每件工时定额40小时，每小时制造费用定额6元。本企业采用在产品按定额成本计算法。

要求：

（1）计算完工产品和月末在产品的定额工时；

（2）计算完工产品和月末在产品应承担的制造费用。

3. 清风工厂2020年9月生产的甲产品，本月完工产品产量1 000个，在产品数量300个；在产品单位定额成本为：直接材料200元，直接人工100元，制造费用50元。甲产品本月月初在产品成本和本月发生生产费用共计600 000元，其中直接材料成本300 000元，直接人工成本200 000元，制造费用100 000元。

要求：

（1）按定额成本计算在产品成本及完工产品成本并将计算结果填入表3－1；

（2）编制甲产品完工入库的会计分录。

表3－1　　　　　　　　　　　　　　甲产品成本计算表　　　　　　　　　　　　单位：元

项目	在产品定额成本	完工产品成本
直接材料		
直接人工		
制造费用		
合计		

4. 清风工厂2020年9月，生产的甲产品要经过三道工序加工完成，单位产品工时定额为60小时，其中：第一工序工时定额为12小时；第二工序工时定额为18小时；第三工序工时定额为30小时。为简化核算，假定在产品在各工序内的完工程度平均为50%。

要求：计算出各工序在产品的完工率。

5. 清风工厂2020年9月,生产甲产品需顺序经过三道工序连续加工才能完成,为简化核算,在产品在各工序内的完工程度均为50%。具体资料如表3-2所示。

表3-2

项目	一工序	二工序	三工序	合计
工时定额(小时)	60	100	40	200
在产品数量(件)	80	60	70	210

要求:根据以上资料,计算各工序的在产品完工率及全部在产品约当产量。

6. 清风工厂的甲产品在2020年9月完工500台,在产品200台,在产品完工程度为60%,发生的本月生产费用合计为930 000元。

要求:采用约当产量法计算本月完工产品成本和在产品成本。

7. 清风工厂2020年9月生产的甲产品,本月完工600件,在产品200件。原材料费用在各工序开始时一次投入,其他费用随加工进度陆续投入。在产品资料如表3-3所示。

表3-3

工序	各工序的定额工时	各工序的定额材料耗用量	盘存数(件)
1	40	100	100
2	30	60	80
3	30	40	20
合计	100	200	200

要求:
(1) 计算各工序在产品各费用项目的完工率及各工序在产品的约当产量;
(2) 填写完工产品成本和在产品成本分配表(见表3-4)。

表3-4

项　目	直接材料	直接人工	制造费用	合计
分配前的费用金额	27 800	13 620	6 810	48 230
分配率(单位成本)				

续表

项　　目		直接材料	直接人工	制造费用	合计
完工产品	数量				
	金额				
期末在产品	数量				
	金额				

8. 清风工厂生产的甲产品，2020 年 9 月完工产品产量 2 000 个，在产品数量 500 个，完工程度按平均 50% 计算；材料在开始生产时一次性投入，其他成本按约当产量比例分配。甲产品本月月初在产品和本月耗用直接材料成本共计 500 000 元，直接人工成本 22 500 元，制造费用 11 250 元。

要求：

（1）计算甲产品完工产品成本和月末在产品成本；

（2）根据甲产品完工产品总成本编制完工产品入库的会计分录。

9. 清风工厂 2020 年 9 月生产的甲产品，本月完工产品产量 200 个，在产品数量 50 个；单位产品消耗定额为：材料 100 千克/个，50 小时/个，单位在产品材料定额 100 千克，工时定额 20 小时。有关成本资料如表 3-5 所示。

表 3-5　　　　　　月初在产品成本和本期发生生产成本汇总表　　　　　　单位：元

项目	直接材料	直接人工	制造费用	合计
期初在产品成本	200 000	40 000	20 000	260 000
本期发生成本	800 000	180 000	90 000	1 070 000
合　计	1 000 000	220 000	110 000	1 330 000

要求：采用定额比例法计算在产品成本及完工产品成本。

10. 清风工厂2020年9月生产的甲产品，直接材料费用在产品生产成本中所占比重较大且原材料在生产开始时一次投入，月末在产品可只计算直接材料费用。A产品月初在产品直接材料费用为5 300元，本月发生的直接材料费用31 100元，职工薪酬等其他费用2 700元。本月完工产品300件，月末在产品100件。

要求：

（1）根据题意，清风工厂采用哪种分配方法将生产费用在完工产品和在产品之间进行分配；

（2）请使用该方法计算完工产品成本和在产品成本。

项目四

产品成本核算方法概述

一、单项选择题

1. 产品单步骤、大批量生产，应采用的成本计算方法是（　　）。
   A. 品种法　　　　　　　　　　B. 分步法
   C. 分批法　　　　　　　　　　D. 分类法

2. 下列各项中，属于品种法特点的是（　　）。
   A. 分品种、分批别、分步骤计算产品成本
   B. 分品种、分批别、不分步骤计算产品成本
   C. 分品种、不分批别、不分步骤计算产品成本
   D. 不分品种、分批别、分步骤计算产品成本

3. 产品成本计算的分批法，适用的生产组织是（　　）。
   A. 大量成批生产　　　　　　　B. 大量小批生产
   C. 单件成批生产　　　　　　　D. 单件小批生产

4. 分步法适用于（　　）。
   A. 大量成批生产　　　　　　　B. 单件小批生产
   C. 单步骤生产　　　　　　　　D. 大量大批多步骤生产

5. 下列成本计算方法中，成本计算期与生产周期一致的是（　　）。
   A. 品种法　　　　　　　　　　B. 分批法
   C. 分步法　　　　　　　　　　D. 分类法

6. 下列各种产品成本计算方法，适用于单件、小批生产的是（　　）。
   A. 品种法　　　　　　　　　　B. 分批法
   C. 逐步结转分步法　　　　　　D. 平行结转分步法

7. 区分各种产品成本核算基本方法的标志是（　　）。
   A. 成本计算期　　　　　　　　B. 完工产品和在产品成本划分
   C. 成本核算对象　　　　　　　D. 间接计入费用的分配方法

8. 下列方法中，属于产品成本核算基本方法的是（　　）。
   A. 标准成本法　　　　　　　　B. 变动成本法
   C. 分类法　　　　　　　　　　D. 分步法

9. 产品成本核算的定额法（　　）。
A. 从计算产品实际成本的角度讲是必不可少的
B. 从计算产品实际成本的角度讲不是必不可少的
C. 是产品成本核算的基本方法
D. 从计算产品定额成本的角度讲对企业没有实际意义

10. 下列哪些制造业企业属于单步骤生产（　　）。
A. 发电厂　　　　　　　　　　B. 纺织厂
C. 冶金厂　　　　　　　　　　D. 造纸厂

二、多项选择题

1. 产品成本核算的基本方法有（　　）。
A. 品种法　　　　　　　　　　B. 分步法
C. 分批法　　　　　　　　　　D. 分类法

2. 品种法适用于（　　）。
A. 大量大批的单步骤生产的企业
B. 管理上不要求提供各步骤自制半成品成本资料的大量大批多步骤生产的企业
C. 管理上要求按产品生产步骤计算产品成本的企业
D. 按产品批别计算产品成本的企业

3. 任何企业都应按照企业（　　）确定具体的成本核算方法。
A. 生产类型特点　　　　　　　B. 管理要求
C. 产品品种　　　　　　　　　D. 产品产量

4. 下列各项中，属于按照企业生产组织特点划分的有（　　）。
A. 单步骤生产　　　　　　　　B. 多步骤生产
C. 大量大批生产　　　　　　　D. 单件小批生产

5. 制造业企业的生产，按照生产工艺过程划分，可以分为（　　）。
A. 单步骤生产　　　　　　　　B. 多步骤生产
C. 大批生产　　　　　　　　　D. 小批生产

6. 受生产类型特点和管理要求的影响，产品成本的核算对象有（　　）。
A. 产品品种　　　　　　　　　B. 产品定额
C. 产品批别　　　　　　　　　D. 产品生产步骤

7. 产品成本核算的辅助方法包括（　　）。
A. 品种法　　　　　　　　　　B. 分步法
C. 分类法　　　　　　　　　　D. 定额法

8. 下列哪些产品成本核算方法的成本计算期与会计报告期一致（　　）。
A. 品种法　　　　　　　　　　B. 分批法
C. 分步法　　　　　　　　　　D. 定额法

9. 按生产类型特点和管理要求，制造业企业的产品成本核算对象有（　　）。
A. 产品品种　　　　　　　　　B. 产品定额

C. 产品批别　　　　　　　　D. 产品生产步骤
10. 影响产品成本核算方法的因素有（　　）。
A. 生产费用的归集方法　　　B. 成本核算对象的确定
C. 成本计算期的确定　　　　D. 在产品成本的核算

三、判断题

1. 制造业企业的生产按照工艺过程特点可以分为大量生产、成批生产和单件生产三种类型。　　　　　　　　　　　　　　　　　　　　　　　　　　　　（　　）
2. 所有多步骤生产企业的成本核算都必须采用分步法。　　　　（　　）
3. 不论什么企业，不论生产什么类型的产品，也不论管理要求如何，最终都必须按照产品品种计算出产品成本。　　　　　　　　　　　　　　　　　　（　　）
4. 品种法是产品成本核算中最基本的方法。　　　　　　　　　（　　）
5. 企业按照客户订单组织产品生产的情况下，应当采用品种法核算产品成本。（　　）
6. 成本核算方法一经选定，一般不得随意变动。　　　　　　　（　　）
7. 分批法适用于大量大批生产企业。　　　　　　　　　　　　（　　）
8. 大量大批多步骤生产的企业均应采用分步法计算产品成本。　（　　）
9. 在品种法、分批法、分类法、标准成本法和变动成本法中，标准成本法和变动成本法属于成本核算的基本方法，其他方法属于辅助方法。　　　　　　　（　　）
10. 成本核算对象不是区分产品成本核算基本方法的主要标志。　（　　）

四、简答题

1. 制造业企业产品成本核算方法主要是由哪几部分构成的？

2. 产品成本核算有哪些基本方法？

3. 产品成本核算的辅助方法有哪些？它们与产品成本核算基本方法的关系如何？

项目五

产品成本核算的基本方法

一、单项选择题

1. 下列方法中,属于产品成本计算最基本方法的是( )。
   A. 品种法   B. 分步法
   C. 分类法   D. 分批法
2. 品种法的成本核算程序第一步骤是( )。
   A. 归集和分配各种要素费用   B. 归集和分配辅助生产费用
   C. 开设生产成本明细账   D. 归集和分配制造费用
3. 采用品种法核算产品成本,如果只生产一种产品,发生的生产费用( )直接计入费用。
   A. 全部都是   B. 部分是
   C. 全部不是   D. 以上都不对
4. 在单件小批且为单步骤生产或管理上不要求按步骤计算自制半成品成本的多步骤生产的企业中,产品成本的核算方法一般是( )。
   A. 分步法   B. 品种法
   C. 分批法   D. 定额法
5. 一般来说,化肥厂应采用的产品成本核算的基本方法是( )。
   A. 品种法   B. 分批法
   C. 分步法   D. 分类法
6. 一般来说,钢铁厂应采用的产品成本核算的基本方法是( )。
   A. 品种法   B. 分批法
   C. 分步法   D. 分类法
7. 采用简化的分批法,在产品完工之前,产品成本明细账( )。
   A. 不登记任何费用
   B. 只登记直接计入费用(例如原材料费用)和生产工时
   C. 只登记原材料费用
   D. 只登记间接费用,不登记直接费用
8. 下列成本核算方法中,成本计算期与生产周期一致的是( )。

A. 品种法 B. 分批法
C. 分步法 D. 分类法

9. 简化分批法适于在（　　）的情况下采用。
A. 每月在产品数量比较稳定
B. 生产中损耗数量较大
C. 期末在产品占总产量的百分比不大
D. 各月间接计入费用的水平相差不多

10. 采用逐步结转分步法在完工产品与月末在产品之间分配费用，是指在（　　）之间的费用分配。
A. 产成品与月末在产品
B. 完工半成品与广义在产品
C. 产成品与广义在产品
D. 上一步骤的完工半成品与加工中的在产品，最后步骤的产成品与加工中的在产品

11. 产品成本核算的分步法是（　　）。
A. 分车间计算产品成本的方法
B. 按产品品种计算产品成本的方法
C. 按照生产步骤计算产品成本的方法
D. 按订单、产品批别计算产品成本的方法

12. 成本还原的对象是（　　）。
A. 完工产品成本
B. 各步骤所耗上一步骤半成品的综合成本
C. 完工产品成本中所耗上一步骤半成品的成本
D. 各步骤完工半成品成本

13. 进行成本还原，应以还原分配率分别乘以（　　）。
A. 本月所产产成品各个成本项目的费用
B. 本月所耗半成品各个成本项目的费用
C. 本月所产该种半成品各个成本项目的费用
D. 本月所耗该种半成品各个成本项目的费用

14. 分批法成本核算对象的确定通常是根据（　　）。
A. 客户订单 B. 产品品种
C. 产品生产步骤 D. 产品类别

15. 需要进行成本还原的是（　　）。
A. 平行结转分步法 B. 逐步综合结转分步法
C. 逐步分项结转分步法 D. 逐步结转分步法

二、多项选择题

1. 对于品种法，下列说法正确的有（　　）。
A. 如果企业生产的产品属于多步骤，则应采用品种法计算产品成本

B. 如果是单步骤、大量生产型企业,则应采用品种法计算产品成本
C. 品种法是以产品品种作为成本核算对象,归集和分配生产成本,计算产品成本的一种方法
D. 品种法成本计算按月进行,成本计算期与会计报告期一致,与生产周期不一致

2. 品种法的特点有( )。
A. 以产品品种为成本核算对象
B. 成本计算按月定期进行
C. 月末如果有在产品的话,一般应在完工产品与月末在产品之间分配费用
D. 是基本方法中最基本的成本核算方法

3. 品种法适用于( )。
A. 大量大批单步骤生产的企业
B. 管理上不要求提供各步骤成本资料的大量大批多步骤生产的企业
C. 按产品生产步骤计算产品成本的企业
D. 按产品批别计算产品成本的企业

4. 分批法的特点有( )。
A. 生产费用按产品批别或订单归集
B. 成本计算期与生产周期一致
C. 成本计算按月定期进行
D. 一般不用在完工产品与月末在产品之间分配生产费用

5. 分批法适用于( )。
A. 小批生产   B. 单步骤大量大批生产
C. 单件生产   D. 大量大批的多步骤生产

6. 采用分批法计算产品成本时,如果批内产品跨月陆续完工的情况不多,完工产品数量占全部批量的比重很小,先完工的产品可以按下列成本计价从产品成本明细账中转出( )。
A. 按计划单位成本计价   B. 按定额单位成本计价
C. 按同类产品的市场价计价   D. 按实际单位成本计价

7. 采用简化的分批法,各月( )。
A. 只计算完工产品成本
B. 只对完工产品成本分配间接费用
C. 不分批计算在产品成本
D. 不在完工产品与在产品之间分配费用

8. 采用分步法时,计算各步骤半成品成本是( )。
A. 成本计算的需要
B. 成本控制的需要
C. 对外销售半成品的需要
D. 全面考核和分析成本计划的执行情况的需要

9. 采用逐步结转分步法,按照结转的半成品成本在下一步骤产品成本明细账中反映的方法,分为( )。

A. 逐步综合结转分步法　　　　　　B. 逐步分项结转分步法
C. 按实际成本结转　　　　　　　　D. 按计划成本结转

10. 按计划成本综合结转本产品成本的优点有（　　）。
A. 简化、加速成本核算工作
B. 便于进行成本考核和分析
C. 直接提供按原始成本项目反映的产品成本
D. 直接提供按实际成本项目反映的产品成本

11. 按实际成本综合结转半成品成本的缺点有（　　）。
A. 各步骤不能同时计算成本
B. 不能直接提供按原始成本项目反映的产品成本
C. 需要进行成本还原
D. 不能满足对外销售的需要

12. 广义在产品包括（　　）。
A. 尚在本步骤加工中的在产品
B. 转入以后步骤半成品库中的半成品
C. 已从半成品库转到以后各步骤进一步加工、尚未最后完工的在产品
D. 全部加工中的在产品和半成品

13. 在平行结转分步法下，完工产品与月末在产品之间的费用分配，是指（　　）两者之间的费用分配。
A. 产成品与广义在产品
B. 产成品与狭义在产品
C. 各步骤完工半成品与月末加工中的在产品
D. 前面步骤的产成品与广义在产品，最后步骤的产成品与狭义在产品

14. 在下列企业中，一般采用分步法进行成本核算的企业有（　　）。
A. 冶金企业　　　　　　　　　　　B. 纺织企业
C. 水泥企业　　　　　　　　　　　D. 发电企业

15. 和逐步结转分步法相比，平行结转分步法的缺点有（　　）。
A. 各步骤不能同时计算产品成本
B. 不能为实物管理和资金管理提供资料
C. 不能提供各步骤的半成品成本资料
D. 不需要进行成本还原

三、判断题

1. 因为采用品种法可以计算出每一种产品的成本，所以就不需要计算在产品成本。　　　　　　　　　　　　　　　　　　　　　　　　　　　　　　　　　　　　　　　（　　）

2. 按品种法计算产品成本，其成本计算期与会计报告期是一致的，与生产周期不一致。　　　　　　　　　　　　　　　　　　　　　　　　　　　　　　　　　　　　　（　　）

3. 品种法主要适用于大量大批多步骤生产的企业。　　　　　　　　　　（　　）

4. 品种法是产品成本核算方法中最基本的方法，其他成本核算方法都是在品种法的基础上演变而来的。（　　）

5. 企业采用品种法计算产品成本时，不论当月是否有完工产品，都必须按月计算成本。（　　）

6. 产品成本核算的分批法，是按照产品批别计算产品成本的一种方法，它只适用于单件生产。（　　）

7. 采用简化分批法，每月发生的各项间接计入费用，不按月在各批产品之间进行分配。（　　）

8. 如果月末未完工产品的批次不多，则不宜采用简化分批法。（　　）

9. 单件生产的企业，月末计算成本时，需要在完工产品和月末在产品之间分配费用。（　　）

10. 在单件小批生产的企业中，产品成本一般在某批产品完工时计算，因而成本计算是不定期的，而与生产周期一致。（　　）

11. 采用分批法时，如果批内产品跨月完工的情况不多，完工产品数量占全部批量的比重较小，完工产品可按计划成本或定额成本计算成本。（　　）

12. 产品成本核算的分步法中的"分步"应与实际生产的步骤完全一致。（　　）

13. 平行结转分步法下，不需要通过"自制半成品"科目进行总分类核算。（　　）

14. 成本还原的对象是还原前的产成品成本。（　　）

15. 逐步综合结转分步法有利于从企业角度考核和分析产成品成本的结构。（　　）

四、简答题

1. 简述品种法的特点。

2. 简述品种法核算产品成本的一般程序。

3. 分批法的特点是什么?

4. 简述分步法的特点。

5. 什么是逐步结转分步法？其适用范围如何？

6. 简述逐步结转分步法的特点。

7. 什么是成本还原？采用半成品实际结构比重还原法怎样进行成本还原？

8. 什么是平行结转分步法？简述平行结转分步法的特点。

五、技能操作题

1. 某企业基本生产车间生产甲、乙两种产品，成本核算采用品种法，成本核算资料如下：

（1）本月产量、工时记录、在产品完工程度（原材料陆续投入）如表 5-1 所示。

表 5-1

产品名称	月初在产品（件）	本月完工产品（件）	月末在产品（件）	月末在产品完工程度（%）	耗用工时
甲产品	30	200	40	50	600
乙产品	10	80	40	50	400

（2）月初在产品成本：甲产品为 6 820 元，其中：直接材料 2 460 元，直接人工 3 080 元，制造费用 1 280 元；乙产品为 2 360 元，其中：直接材料 1 200 元，直接人工 500 元，制造费用 660 元。本月发生生产成本如表 5-2 所示。

表 5-2

产品名称	直接材料	直接人工	制造费用
甲产品	16 240		
乙产品	7 800		
合计	24 040	11 000	9 600

要求：（1）按工时比例将本月的直接人工、制造费用在甲、乙产品间分配。
（2）按约当产量法将生产成本在完工产品与月末在产品之间进行分配。
（3）计算甲产品及乙产品本月完工产品的单位成本。

2. 某企业生产甲、乙两种产品，采用分批法计算成本，资料如下：

（1）本月份生产的产品批号有：9414 批号：本月投产甲产品 10 台，本月完工 6 台；9415 批号：本月投产乙产品 10 台，本月完工 2 台。

（2）本月份各批号的生产成本资料如表 5-3 所示。

表 5-3　　　　　　　　　　　　　　　　　　　　　　　　　　　　　　　　　　　单位：元

批号	直接材料	直接人工	制造费用
9414	3 360	2 350	2 800
9415	4 600	3 050	1 980

9414 批号甲产品完工数量较大，原材料在生产开始时一次投入，其他费用在完工产品与在产品之间采用约当产量法分配，在产品完工程度为 50%。

9415 批号乙产品完工数量少，完工产品按计划成本结转。每台产品计划成本：直接材料 460 元，直接人工 350 元，制造费用 240 元。

要求：采用分批法计算各批产品完工产品总成本、单位成本和月末在产品成本。

3. 某厂生产甲产品，连续经过两个步骤（车间）进行加工，采用逐步综合结转分步法计算产品成本。原材料在生产开始时一次投入，各步骤在产品成本采用约当产量法，各步骤在产品完工程度均为50%。第一步骤完工半成品全部直接转给第二步骤继续加工（见表5-4、表5-5）。

表5-4　　　　　　　　　　　　　　　产量记录　　　　　　　　　　　　　　　单位：件

项　目	第一车间	第二车间
月初在产品数量	70	50
本月投产（或上车间转入）数量	790	800
本月完工数量	800	800
月末在产品数量	60	50

表5-5　　　　　　　　　　　　期初在产品成本和本月生产成本　　　　　　　　　　　单位：元

车　间	一车间		二车间	
	月初在产品成本	本月生产成本	月初在产品成本	本月生产成本
直接材料或自制半成品	14 620	114 000	8 255	
直接人工	4 195	9 500	5 325	12 000
制造费用	1 717	6 500	2 525	8 200
合　计	20 532	130 000	16 105	20 200

要求：（1）根据以上资料计算第一车间转出的半成品成本和第二车间结转的完工产品成本（见表5-6、表5-7）。

（2）根据计算结果进行成本还原（见表5-8）。

表5-6　　　　　　　　　　　　　　一车间成本计算表　　　　　　　　　　　　　单位：元

摘　要	直接材料	直接人工	制造费用	合　计
月初在产品成本				
本月发生成本				
合　计				
转下车间半成品成本				
月末在产品成本				

表5-7　　　　　　　　　　　　　　二车间成本计算表　　　　　　　　　　　　　单位：元

摘　要	自制半成品	直接人工	制造费用	合　计
月初在产品成本				
本月发生成本				
合　计				
完工甲产品成本				
月末在产品成本				

表 5-8　　　　　　　　　　　　　成本还原计算表　　　　　　　　　　　　　单位：元

成本项目	自制半成品	直接材料	直接人工	制造费用	合　计
还原前总成本					
上车间成本项目所占比重					
自制半成品还原					
还原后总成本					

4. 某企业有三个基本生产车间，连续加工生产丙产品。原材料在第一车间生产开始时一次投入。各车间月末在产品完工程度均为50%。采用平行结转分步法计算甲产品成本，各车间在产品成本采用约当产量法计算。各车间产量记录及结转情况如表5-9、表5-10所示。

表 5-9　　　　　　　　　　　　　各车间产量记录　　　　　　　　　　　　　单位：件

车间名称	一车间	二车间	三车间
月初在产品数量	40	30	10
本月投产或上车间转来数量	120	150	130
本月完工数量	150	130	100
月末在产品数量	10	50	40

表 5-10　　　　　　　　　　　　　生产成本资料　　　　　　　　　　　　　单位：元

成本项目	月初在产品成本			本月生产成本		
	一车间	二车间	三车间	一车间	二车间	三车间
直接材料	12 800			19 200		
直接人工	1 800	750	200	4 050	4 200	4 600
制造费用	1 080	450	120	2 430	2 520	2 760
合　计	15 680	1 200	320	25 680	6 720	7 360

要求：（1）计算各车间在产品的约当产量。

（2）计算结转各车间结转完工产品成本的份额。

（3）汇总计算完工丙产品总成本和单位成本。

项目六

产品成本核算的辅助方法

一、单项选择题

1. 产品成本核算的分类法主要适用于（　　）。
   A. 品种、规格繁多的产品
   B. 大批大量生产的产品
   C. 品种不多、规格型号简单、生产工艺较为固定的产品
   D. 品种、规格繁多，而且可以按照一定的标准划分为若干类别的产品

2. 分类法的成本核算对象是（　　）。
   A. 产品品种　　　　　　　　　　B. 产品规格
   C. 产品类别　　　　　　　　　　D. 产品数量

3. 采用分类法按系数分配计算类内各种产品成本时，对于系数的确定方法是（　　）。
   A. 选择产量小的产品作为标准产品，将其分配标准数确定为1
   B. 选择产量大、生产稳定的产品作为标准产品，将其分配标准数确定为1
   C. 选择产量大、生产稳定或规格折中的产品作为标准产品，将其分配标准数定为1
   D. 自行选择一种产品作为标准产品，将其分配标准数定为1

4. 联产品与副产品的区别主要在于（　　）。
   A. 在企业中的地位不同　　　　　B. 原材料的用料不同
   C. 生产加工步骤不同　　　　　　D. 成本的核算方法不同

5. 联产品在分离前计算出的总成本被称为（　　）。
   A. 直接成本　　　　　　　　　　B. 间接成本
   C. 固定成本　　　　　　　　　　D. 联合成本

6. 类内各种产品成本核算时，选择的分配标准应与产品成本高低有直接联系，通常采用（　　）为标准。
   A. 标准产量　　　　　　　　　　B. 计划成本
   C. 定额成本　　　　　　　　　　D. 固定成本

7. 直接材料脱离定额差异是（　　）。
   A. 价格差异　　　　　　　　　　B. 数量差异
   C. 定额变动差异　　　　　　　　D. 材料成本差异

8. 在定额成本法计算产品成本，若月初在产品定额变动差异是负数，说明（   ）。
   A. 定额调低了
   B. 定额调高了
   C. 本月实际生产成本增加了
   D. 本月实际生产成本减少了
9. 由于修改旧定额而产生的新旧定额之间的差额称为（   ）。
   A. 定额差异
   B. 材料成本差异
   C. 脱离定额的差异
   D. 定额变动差异
10. 某产品原材料定额费用为 8 000 元，原材料脱离定额差异为 -2 000 元，材料成本差异率为 -1%，该产品应分配的原材料成本差异为（   ）。
    A. 20 元
    B. -100 元
    C. -60 元
    D. -120 元
11. 在正常的生产经营水平、工作效率、耗用水平和价格等基础上制定的标准成本，反映的是企业较长一段时间经营的整体平均数据，是（   ）。
    A. 理想标准成本
    B. 现实标准成本
    C. 正常标准成本
    D. 可达到标准成本
12. 在标准成本差异分析中，材料价格差异是根据实际数量与价格脱离标准的差额计算的，其中实际数量是指材料的（   ）。
    A. 采购数量
    B. 领用数量
    C. 耗用数量
    D. 差异数量
13. 固定性制造费用的实际金额与固定性制造费用的预算金额之间的差额称为（   ）。
    A. 材料差异
    B. 效率差异
    C. 生产能力利用差异
    D. 耗费差异
14. 在成本差异分析中，变动性制造费用效率差异类似于（   ）。
    A. 直接材料价格差异
    B. 直接材料成本差异
    C. 直接人工效率差异
    D. 直接人工工资率差异
15. 定额成本与计划成本（   ）。
    A. 完全一样
    B. 毫无联系
    C. 可互相代替
    D. 既有相同之处，也有不同之处，两者不能互相替代

二、多项选择题

1. 分类法下对类内产品成本的核算，一般可采用的方法有（   ）。
   A. 系数分配法
   B. 定额比例法
   C. 定额成本计价法
   D. 分批法
2. 在分类法下，将每类产品总成本在类内各种产品之间进行分配时可选择的分配标准通常有（   ）。
   A. 定额消耗量
   B. 计划成本
   C. 产品售价、重量或体积
   D. 定额成本

3. 按照系数比例分配类内各产品成本的方法（   ）。
   A. 称为系数法　　　　　　　　　B. 可以简化分配工作
   C. 是分类法的一种　　　　　　　D. 是一种分配间接计入费用的方法
4. 联产品分离前的联合成本，在各种联产品之间进行分配的方法有（   ）。
   A. 实际产量分配法　　　　　　　B. 实物量分配法
   C. 售价分配法　　　　　　　　　D. 系数分配法
5. 副产品是指企业在同一生产过程中，生产主要产品时，附带生产出来的一些非主要产品，副产品的计价方法有（   ）。
   A. 不计价
   B. 按销售价格扣除销售税金、销售费用后的余额计算
   C. 按定额成本计价
   D. 按计划成本计价
6. 下列方法中，属于计算产成品实际生产成本的有（   ）。
   A. 分类法　　　　　　　　　　　B. 定额成本法
   C. 变动成本法　　　　　　　　　D. 标准成本法
7. 定额法的优点有（   ）。
   A. 有利于加强对成本的日常控制　B. 便于对产品成本进行定期分析
   C. 有助于提高成本的定额管理工作　D. 减少产品成本核算的工作量
8. 原材料脱离定额差异的核算方法一般有（   ）。
   A. 限额法　　　　　　　　　　　B. 切割法
   C. 盘存法　　　　　　　　　　　D. 分步法
9. 核算脱离定额差异，是为了（   ）。
   A. 简化产品成本核算程序
   B. 有效进行产品成本的分析和事中控制
   C. 为月末进行产品实际成本核算提供依据
   D. 为考核成本管理工作提供数据
10. 在定额法下，产品的实际成本是（   ）的代数和。
    A. 按现行定额计算的产品定额成本　B. 脱离定额差异
    C. 材料成本差异　　　　　　　　　D. 月初在产品定额变动差异
11. 产品的标准成本是由（   ）组成。
    A. 直接材料标准成本　　　　　　　B. 直接人工标准成本
    C. 变动性制造费用标准成本　　　　D. 固定性制造费用标准成本
12. 实施标准成本法的基本条件有（   ）。
    A. 小批量生产企业　　　　　　　　B. 完善成本制定准备工作
    C. 健全成本管理制度　　　　　　　D. 全员成本意识较高
13. 标准成本差异是实际成本与标准成本之间的差额，具体包括（   ）。
    A. 直接材料数量差异　　　　　　　B. 固定制造费用生产能力利用差异
    C. 固定制造费用耗费差异　　　　　D. 直接人工效率差异

14. 工资率差异产生的原因可能是（   ）。
A. 工资计算方法改变   B. 材料质量和制造方法改变
C. 工人熟练程度和工作态度   D. 工人工资级别的变化
15. 在成本差异分析中，变动制造费用效率差异类似于（   ）。
A. 直接材料用量差异   B. 直接材料价格差异
C. 直接人工效率差异   D. 固定制造费用耗费差异

三、判断题

1. 分类法是用产品类别作为成本核算对象的一种产品成本核算的基本方法。（   ）
2. 分类法可以在一定程度上简化成本核算工作，因此只要能简化成本核算，产品可以随意分类。（   ）
3. 联产品必须采用分类法进行核算成本。（   ）
4. 在实际工作中，副产品可以不负担分离前的成本，其成本可由主要产品负担，这种方法一般适用于副产品分离后不再加工，且副产品价值较低的情况。（   ）
5. 限额领料单所列的领料限额，就是本期实际投产产品的材料定额消耗量。（   ）
6. 同一种产品的成本核算只能采用一种成本核算的方法。（   ）
7. 进行材料切割核算时，回收废料若超过定额的差异可以冲减直接材料费用。（   ）
8. 材料价格差异产生的原因是由于市场价格、采购地点、运输方式变动以及生产技术上产品设计等变更造成的。（   ）
9. 定额法应采用定额比例法或在产品按定额成本计价法，分配计算完工产品和月末在产品所承担的成本差异。（   ）
10. 定额成本是一种目标成本，是企业进行成本控制和考核的依据。（   ）
11. 在标准成本制度下，各种成本差异有不同处理方式可以选择，而在定额成本制度下，各种成本差异一般应在各类产品之间进行分配。（   ）
12. 标准成本法与定额法的根本区别在于是否为各种成本差异单独设置账户。（   ）
13. 固定制造费用差异的三因素分析法，是将固定制造费用差异分为耗费差异、效率差异和生产能力利用差异。（   ）
14. 直接人工效率差异，是指直接人工实际成本与直接人工标准成本之间的差额。（   ）
15. 由于标准成本代表了成本要素的合理近似值，它既是价格决策和投标议价的一项重要依据，也是其他长期或短期决策必须考虑的因素。（   ）

四、简答题

1. 简述分类法的特点和适用范围。

2. 什么是联产品？什么是副产品？联产品和副产品的区别是什么？

3. 简述定额法的定义和适用范围。

4. 简述标准成本的作用。

5. 简述标准成本的实施条件。

6. 制造费用标准成本的制定有几类？如何计算？

五、技能操作题

1. 昆一公司采用分类法进行产品成本核算，生产的甲类产品包括 A、B、C 三个品种，其中 A 产品为标准产品。类内产品成本的分配中直接材料按材料费用定额系数标准分配，其他费用项目按定额工时系数标准分配。甲类完工产品成本和定额等相关资料如表 6-1 和表 6-2 所示。

表 6-1　　　　　　　　　　　产品成本计算单

产品类别：甲类　　　　　　　　　　　　　　　　　　　　　　　　　金额单位：元

项目	直接材料	直接人工	制造费用	合计
月初在产品成本（定额成本）	7 800	3 600	4 300	15 700
本月发生费用	70 600	62 050	39 330	171 980
完工产品成本	67 200	55 800	37 200	160 200
月末在产品成本（定额成本）	11 200	9 850	6 430	27 480

表 6-2　　　　　　　　　　　产量及定额资料

名称	产量（件）	单位产品材料费用定额（元）	单位产品工时定额（小时）
A 产品	100	200	10
B 产品	200	250	8
C 产品	300	140	12

要求：填制甲类产品系数计算表（见表 6-3）和甲类产品成本计算单（见表 6-4）。

（1）甲类产品系数计算表。

表 6-3　　　　　　　　　　　产品系数计算表

产品类别：甲类　　　　　　　　　　　　　　　　　　　　　　　　　金额单位：元

名称	直接材料		工时	
	单位产品定额（元）	系数	单位产品定额（小时）	系数
A 产品				
B 产品				
C 产品				

（2）甲类产品成本计算单。

表6-4　　　　　　　　　　　　　　产品成本计算单

产品类别：甲类　　　　　　　　　　　　　　　　　　　　　　　　　　　金额单位：元

项目	产量（件）	直接材料系数	直接材料总系数	工时系数	工时总系数	直接材料	直接人工	制造费用	成本合计
分配率									
A产品									
B产品									
C产品									
合计									

2. 昆二企业采用分类法计算产品成本。其生产的乙类产品，包括X、Y两种产品，类内产品成本分配采用定额比例法。该类产品的月末在产品按照定额成本计价法进行计算，相关资料如表6-5、表6-6和表6-7所示。

表6-5　　　　　　　　　　　　　　月末在产品资料

产量	直接材料消耗定额（千克）	材料单价（元）	工时消耗定额（小时）	单位工资计划分配率（%）	单位制造费用计划分配率（%）
80	30	4	16	5	3.5

表6-6　　　　　　　　　　　　　　本月产品成本费用表

产品类别：乙类　　　　　　　　　　　　　　　　　　　　　　　　　　　金额单位：元

项目	直接材料	直接人工	制造费用	合计
月初在产品成本	23 500	9 800	4 500	37 800
本月成本费用	173 780	31 700	23 380	228 860

表6-7　　　　　　　　　　　　　　产品产量及定额表

产品类别：乙类

产品名称	产量（件）	直接材料费用定额（元）	单位产品工时定额（小时）
X产品	380	28	5
Y产品	250	20	8

要求：编制乙类产品本月的完工产品成本计算单及分配核算X、Y产品的总成本和单位成本，如表6-8、表6-9所示。

（1）乙类产品完工产品成本计算单。

表 6-8　　　　　　　　　　　　产品成本计算单

产品类别：乙类　　　　　　　　　　　　　　　　　　　　　　　　　　金额单位：元

项目	直接材料	直接人工	制造费用	合计
月初在产定额				
本月成本费用				
成本费用合计				
月末在产品成本				
月末完工产品成本				

（2）X、Y产品总成本和单位成本计算表。

表 6-9　　　　　　　　　　　　类内各产品成本计算表

产品类别：乙类　　　　　　　　　　　　　　　　　　　　　　　　　　金额单位：元

项目	产量/件 ①	直接材料费用定额 ②	直接材料费用总定额 ③=①×②	单位产品工时定额 ④	总工时定额 ⑤=①×④	总成本				单位成本 ⑩=⑨÷①
						直接材料 ⑥=③×分配率	直接人工 ⑦=⑤×分配率	制造费用 ⑧=⑤×分配率	合计 ⑨=⑥+⑦+⑧	
分配率										
X产品										
Y产品										
合计										

3. 昆三工业企业在同一车间生产甲产品（主产品）的过程中，还生产出乙产品（副产品）的原料，该原料加工后为乙产品。甲、乙产品均为单步骤大量生产。本月甲、乙产品成本相关资料如下：

（1）甲产品本月共领用材料95 000元，生产过程中生产出乙产品的原料6 000千克，每千克定价为0.5元，已全部被乙产品产耗用。

（2）该车间的生产工人工资为18 000元，制造费用为9 600元。

（3）甲产品产量为2 000件，乙产品产量为600件。

（4）甲产品生产工时为8 000小时，乙产品生产工时为2 000小时。

（5）甲产品的在产品按所耗直接材料的定额成本计价，其月初在产品定额成本为6 000元，月末在产品定额成本为7 000元。乙产品的月末在产品较少，不计算月末在产品成本。

要求：（1）编制直接人工和制造费用分配表，计算分配主产品、副产品应负担的直接人工费用和制造费用（见表6-10）。

（2）登记产品成本计算表，计算主产品、副产品的实际成本（见表6-11、表6-12）。

表 6-10　　　　　　　　　直接人工和制造费用分配表　　　　　　　　金额单位：元

项目	工时（小时）	直接人工（元）	制造费用（元）
本月发生额			
分配率			
甲产品（主）			
乙产品（副）			
合计			

表 6-11　　　　　　　　　　　　产品成本明细账

产品名称：甲产品（主产品）　　　　　　　　　　　　　　　　　　　　　金额单位：元

项目	产量（件）	直接材料	直接人工	制造费用	合计
月初在产品成本（定额成本）					
本月生产费用					
扣减副产品原料价值					
合计					
产成品成本					
单位成本					
月末在产品成本（定额成本）					

表 6-12　　　　　　　　　　　　产品成本明细账

产品名称：乙产品（副产品）　　　　　　　　　　　　　　　　　　　　　金额单位：元

项目	产量（件）	直接材料	直接人工	制造费用	合计
本月成本费用					
产成品成本					
单位成本					

4. 昆四工厂大量生产甲、乙、丙三种产品，采用定额法核算产品成本，2020 年 10 月有关成本核算资料如下：

（1）产品定额成本资料。甲产品从 10 月 1 日起实行新的材料消耗定额，直接人工和制造费用定额不变。9 月份单位产品直接材料费用定额为 1 200 元；10 月甲产品单位定额成本为 3 040 元，其中：直接材料费用定额为 1 080 元，直接人工费用定额为 1 320 元，制造费用定额为 640 元；10 月份计划小时工资率为 5 元；制造费用计划分配率为每小时 2 元。

（2）月初在产品成本资料。月初甲产品在产品定额成本为 108 000 元，其中：直接材料费用 46 000 元，直接人工费用为 38 000 元，制造费用为 24 000 元；月初在产品脱离定额差异，直接材料费用为超支 3 200 元，直接人工费用为节约 2 700 元，制造费用为超支 1 200元。

（3）本月生产数量资料。10月份甲、乙、丙三种产品实际生产工时为63 000小时，其中，甲产品25 500小时，乙产品26 500小时，丙产品11 000小时；10月份三种产品实际完成定额工时64 000小时，其中，甲产品25 000小时，乙产品26 000小时，丙产品13 000小时；本月完工入库甲产品120件。

（4）本月投入费用资料。甲产品10月投入直接材料费用定额成本为87 000元，按计划单位价格和实际消耗量计算的直接材料费用为82 000元，材料成本差异率为超支0.9%；10月甲、乙、丙三种产品直接人工费用为321 300元，实际制造费用为127 260元。

要求：（1）按定额成本比例在10月完工产品和月末在产品之间分配脱离定额的差异，材料成本差异和定额变动差异全部由完工产品成本负担（见表6-13、表6-14）。

（2）计算并结转10月完工甲产品实际成本，完成甲产品成本计算单（见表6-15）。

定额变动差异的核算：

直接材料脱离定额差异的核算：

材料成本差异的核算：

表6-13　　　　　　　　直接人工费用定额和脱离定额差异汇总表

2020年10月　　　　　　　　　　　　　　　金额单位：元

产品名称	定额人工费用			实际人工费用			脱离定额差异
	定额工时	计划小时工资率	定额人工	实际工时	实际小时工资率	实际人工	
甲产品							
乙产品							
丙产品							
合计							

表6-14　　　　　　　　制造费用定额和脱离定额差异汇总表

2020年10月　　　　　　　　　　　　　　　金额单位：元

产品名称	定额制造费用			实际制造费用			脱离定额差异
	定额工时	计划小时费用率	定额费用	实际工时	实际小时费用率	实际费用	
甲产品							
乙产品							
丙产品							
合计							

（3）计算并结转10月完工甲产品实际成本，完成甲产品成本计算单（见表6-15）。

表6-15　产品成本计算表

名称：甲产品　　　产量：120件　　　　　　　　　　　　　　　　　金额单位：元

成本项目			直接材料	直接人工	制造费用	合计
月初在产品定额成本	定额成本	(1)				
	脱离定额差异	(2)				
	定额成本调整	(3)				
	定额变动差异	(4)				
本月产品成本费用	定额成本	(5)				
	脱离定额差异	(6)				
	材料成本差异	(7)				
本月产品成本费用合计	定额成本	(8)				
	脱离定额差异	(9)				
	材料成本差异	(10)				
	定额变动差异	(11)				
脱离定额差异分配率		(12)				
完工产品成本	定额成本	(13)				
	脱离定额差异	(14)				
	材料成本差异	(15)				
	定额变动差异	(16)				
	实际成本	(17)				
月末在产品成本	定额成本	(18)				
	脱离定额差异	(19)				

5. 昆五企业生产甲产品，本月预计生产200件，产品标准成本和费用预算的相关资料如表6-16和表6-17所示。

表6-16　甲产品标准成本表　　　　　　　　　　　　金额单位：元

直接材料	标准单价	标准消耗量	金额
A材料	8	150千克	1 200
B材料	14	55千克	770
小计	—	—	1 970
直接人工	标准工资率	标准工时	金额
直接人工	8	60	480
制造费用	标准费用率	标准工时	金额
变动制造费用	3	60	180
固定制造费用	6	60	360
小计	—	—	540
单位产品标准成本	—	—	2 990

表6-17　　　　　　　　　　　　　费用预算表　　　　　　　　　　　　金额单位：元

项目	每小时费用	总费用 15 000小时	项目	每小时费用	总费用 15 000小时
变动费用			固定费用		
变动费用总计	3.00	45 000	固定费用总计	8.00	120 000
			费用总计	—	165 000

其他本月实际发生有关业务内容如下：

购进A材料38 000千克，单价为9元；购入B材料12 000千克，单价为12元。生产甲产品领用A材料38 000千克，B材料12 000千克。

本月发生生产工人实际工时数15 000小时，预算总工时为16 000小时，应付职工薪酬总额114 000元，实际工资率为7.6元/小时。

本月制造费用实际发生额为142 200元，其中固定制造费用为97 500元，变动制造费用为44 700元。

本月生产甲产品240件，期初和期末均无在产品。本月出售该产品200件，单价5 000元。

要求：计算甲产品标准成本，填列下列有关计算表（见表6-18至表6-23）。

表6-18　　　　　　外购材料标准成本和价格差异计算表　　　　　　金额单位：元

材料名称	购入数量（件）	标准		实际		价格差异
		单价	成本	单价	成本	
A材料						
B材料						
合　计						

表6-19　　　　　　直接材料标准成本和数量差异计算表　　　　　　金额单位：元

材料名称	标准单价	标准			实际		数量差异
		单位用量	总耗用量	总成本	总耗用量	总成本	
A材料							
B材料							
合　计							

表6-20　　　　　　直接人工标准成本和差异计算表　　　　　　金额单位：元

标准				实际			差异	
单位工时	总工时	小时工资率	总成本	总工时	小时工资率	总成本	效率差异	工资率差异

表 6-21　　　　　　　　　　变动制造费用标准成本和差异计算表　　　　　　　　金额单位：元

标准分配率	标　准		实　际		差　异	
	总工时	总成本	总工时	总成本	效率差异	分配率差异

表 6-22　　　　　　　　　　固定制造费用标准成本和差异计算表　　　　　　　　金额单位：元

预　算			标　准		实　际		差　异		
总工时	分配率	总成本	总工时	总成本	总工时	总成本	效率差异	生产能力利用差异	耗费差异

表 6-23　　　　　　　　　　产品入库和销售标准成本计算表　　　　　　　　金额单位：元

完工产品标准成本	单位产品标准成本	完工产品标准成本		销售产品标准成本	
		入库数量	总成本	销售数量	总成本
甲产品					

项目七

创 新 成 本

一、单项选择题

1. 质量成本主要产生于（　　）。
   A. 产品生产前　　　　　　　　B. 产品生产中
   C. 产品生产后　　　　　　　　D. 产品生产前、生产中和生产后
2. 在下列质量成本中，属于产品设计成本的是（　　）。
   A. 质量设计费用　　　　　　　B. 产品验收费用
   C. 包装检验费用　　　　　　　D. 废品返工费用
3. 在下列质量成本中，属于产品检测成本的是（　　）。
   A. 质量设计费用　　　　　　　B. 质量培训费用
   C. 产品验收费用　　　　　　　D. 废品返工费用
4. 在下列质量成本中，属于产品缺陷成本的是（　　）。
   A. 质量设计费用　　　　　　　B. 质量培训费用
   C. 产品验收费用　　　　　　　D. 停工检验费用
5. 产品设计成本和产品检测成本与产品缺陷成本成（　　）关系。
   A. 正向　　　　　　　　　　　B. 反向
   C. 正比　　　　　　　　　　　D. 反比
6. 环境成本主要产生于（　　）。
   A. 产品生产前、生产中和生产后　　B. 产品生产中
   C. 产品生产后　　　　　　　　D. 产品生产前
7. 在下列环境成本中，属于环境污染预防成本的是（　　）。
   A. 购买控制污染设备的费用　　B. 产品环保流程的检测费用
   C. 治理污染设备的维护费用　　D. 污染废弃物的处理费用
8. 在下列环境成本中，属于环境污染检测成本的是（　　）。
   A. 购买控制污染设备的费用　　B. 产品环保流程的检测费用
   C. 治理污染设备的维护费用　　D. 污染废弃物的处理费用
9. 在下列环境成本中，属于环境污染治理成本的是（　　）。
   A. 购买控制污染设备的费用　　B. 产品环保流程的检测费用

C. 治理污染设备的维护费用 D. 产品污染程度的检测费用

10. 结转污染空气的处理费用，确认意外事故损失时应该贷记（　　）科目。
    A. "生产成本" B. "管理费用"
    C. "营业外支出" D. "环境成本——环境污染治理成本"

二、多项选择题

1. 下列各项成本中属于质量成本的有（　　）。
   A. 质量设计费用 B. 质量培训费用
   C. 产品验收费用 D. 包装检验费用

2. 下列质量成本中属于产品设计成本的有（　　）。
   A. 质量设计费用 B. 质量培训费用
   C. 产品验收费用 D. 包装检验费用

3. 下列质量成本中属于产品检测成本的有（　　）。
   A. 质量设计费用 B. 质量培训费用
   C. 产品验收费用 D. 包装检验费用

4. 下列各项成本中属于产品缺陷成本的有（　　）。
   A. 废品返工费用 B. 停工检验费用
   C. 产品回收费用 D. 产品保修费用

5. 结转缺陷产品降价、包修费用及意外事故支出损失时，涉及的账户包括（　　）。
   A. "主营业务收入" B. "销售费用"
   C. "营业外支出" D. "质量成本——产品缺陷成本"

6. 下列环境成本中属于环境污染预防成本的有（　　）。
   A. 购买控制污染设备的费用 B. 提高员工控制污染能力的培训费用
   C. 产品环保流程的检测费用 D. 产品污染程度的检测费用

7. 下列环境成本中属于环境污染预防成本的有（　　）。
   A. 购买控制污染设备的费用 B. 提高员工控制污染能力的培训费用
   C. 产品环保流程的检测费用 D. 产品污染程度的检测费用

8. 下列环境成本中属于环境污染治理成本的有（　　）。
   A. 治理污染设备的维护费用 B. 污染废弃物的处理费用
   C. 污染江河的处理费用 D. 污染空气的处理费用

9. 下列对环境成本非统一核算模式的说法中，准确的是（　　）。
   A. 环境成本非统一核算模式增加了会计核算的人力物力和财力
   B. 环境成本非统一核算模式增加了会计核算工作量
   C. 环境成本非统一核算模式游离于单位财会部门之外
   D. 环境成本非统一核算模式不利于会计管理

10. 当发生污染废弃物的处理费用时，其会计核算涉及的会计科目包括（　　）。
    A. "环境成本" B. "应付职工薪酬"
    C. "原材料" D. "辅助生产成本"

三、判断题

1. 质量成本是指为了防止和检查低质量产品的出现以及对低质量产品出现后由企业或顾客实施作业后而发生的耗费支出。（　）
2. 质量成本产生于产品生产中。（　）
3. 质量成本的类型主要包括产品设计成本、产品检测成本和产品缺陷成本。（　）
4. 质量成本的归集与分配目前没有统一的模式，一般可以采用统一核算和非统一核算。（　）
5. 质量成本非统一核算模式是指质量成本的会计核算置于单位的财会部门之中，不单独设置质量成本会计核算部门，由单位的财会部门进行产品质量核算的一种方式。（　）
6. 环境成本是指为了防止事前、事中、事后破坏环境而发生的各种支出。（　）
7. 环境成本产生于产品生产后。（　）
8. 环境成本的类型主要包括环境污染预防成本、环境污染检测成本和环境污染治理成本。（　）
9. 环境成本的归集与分配目前采用统一核算模式。（　）
10. 在环境成本采用统一核算模式下，企业可以设置"环境成本"总账及其相应的明细账。（　）

四、简答题

1. 质量成本统一核算模式的内容包括哪些？

2. 质量成本非统一核算模式的含义和优、缺点是什么？

3. 什么是环境成本？环境成本的种类包括哪些？

4. 环境成本统一核算模式的内容包括哪些？

五、技能操作题

1. 某工厂生产甲产品，2020年10月的质量成本资料如下：
（1）支付员工产品质量培训费用6 000元，摊销期为3个月。
（2）支付产品包装检验人员工资450元，计提包装机器折旧费200元。
（3）单位产品售价50元。销售收款后发现缺陷产品5件，给予顾客10%的折扣。
（4）支付缺陷产品包修费用250元。
要求：根据上述资料，编制相应的会计分录。

2. 某工厂生产甲、乙两种产品，2020 年 9 月的产量分别为 2 500 件、1 000 件，每件产品的人工工时分别为 0.2 小时、0.5 小时，生产甲、乙产品时有一定的污染物排出，为此，企业向当地政府支付 2 500 元的排污费。

要求：以直接人工工时为分配标准分配甲、乙两种产品的环境成本。

项目八

成本报表的编制与分析

一、单项选择题

1. 成本报表从实质上看是一种（　　）。
   A. 外部报表　　　　　　　　B. 内部报表
   C. 费用表　　　　　　　　　D. 资金流量表
2. 按照固定时间进行编制的报表是（　　）。
   A. 定期报表　　　　　　　　B. 不定期报表
   C. 利润表　　　　　　　　　D. 中期报表
3. 下列不属于成本报表的设置要求的是（　　）。
   A. 专题性　　　　　　　　　B. 实用性
   C. 针对性　　　　　　　　　D. 无差异性
4. 按照成本项目反映的生产成本表，是通过将成本项目（　　），进而反映企业报告期内发生的全部生产费用和产品成本报表的分工方式。
   A. 分类　　　　　　　　　　B. 抵扣
   C. 汇总　　　　　　　　　　D. 备案
5. 产品生产成本表中（按成本项目反映），"本月实际"栏中的"生产费用"根据本月（　　）的资料计算分析填列。
   A. 生产成本明细账　　　　　B. 生产成本总账
   C. 制造费用明细账　　　　　D. 制造费用总账
6. 产品生产成本表（按成本项目反映）中的产品名称，该栏应根据（　　）与"不可比产品"的名称分别填列。
   A. "可比产品"　　　　　　　B. "实际产品"
   C. "生产成本"　　　　　　　D. "计划产品"
7. 主要产品单位成本表是反映企业在一定时期内（月份、季度、年度）生产的各种主要产品单位成本的构成和（　　）的成本报表，是产品生产成本表的必要补充。
   A. 所有产品成本情况　　　　B. 各项主要经济指标执行情况
   C. 可比产品成本情况　　　　D. 制造费用构成情况
8. 主要产品单位成本表中，产量销售单价应根据（　　）表填列。

A. 产品定价 B. 库存商品成本
C. 主营业务成本 D. 商品折后价

9. 主要产品单位成本表是全部产品生产成本表的进一步反映，故上年实际平均、本年计划、本月实际、本年累计实际平均的单位成本，应与按产品品种反映的全部产品生产成本表的相应单位成本相比，应该（　　）。

A. 偏高 B. 一致
C. 偏低 D. 不确定

10. 期间费用明细表是反映企业在该报告期内发生的（　　）及构成情况的报表。

A. 管理经营费用 B. 产品生产过程中的直接费用
C. 制造费用 D. 生产成本

11. 比较分析法是指通过对指标的实际数进行对比，从数量上确定差异的一种分析方法。以下不属于比较分析法的是（　　）。

A. 计划数与实际数进行对比
B. 本期实际指标数与前期实际指标数对比
C. 与同类企业的相同指标实际数进行对比
D. 与不同类企业同期实际数相比

12. 影响材料费用总额的因素很多，按其相互关系可归纳为三个：产品产量、单位产品材料消耗量和（　　）。

A. 产品质量 B. 材料单价
C. 人员工资 D. 管理费用

13. 确定影响可比产品成本计划完成情况的因素和各因素的影响程度，影响因素主要有产品产量、（　　）和产品单位成本。

A. 产品品种构成 B. 管理费用
C. 半成品数量 D. 制造费用

14. 原材料消耗数量变动的影响=（实际单位耗用量－计划单位耗用量）×（　　）。

A. 产品计划单价 B. 原材料实际单价
C. 原材料计划单价 D. 产品实际单价

15. 成本分析既要从（　　）出发，分析全部商品产品成本计划完成的总括情况，也要分析每种产品成本计划的完成情况。既可以对全部商品产品成本计划的完成情况有（　　）了解，也为进一步分析指明方向和重点。

A. 总体　总括 B. 局部　部分
C. 全面　部分 D. 总体　局部

二、多项选择题

1. 成本报表的作用有（　　）。

A. 反映企业报告期内产品生产耗费和成本水平
B. 反映成本管理业绩
C. 制订和及时修订成本计划

D. 成本分析的重要依据
2. 成本报表可按以下哪几种方式进行分类（　　）。
A. 按报表反映的内容分类　　　B. 按报表编制的时间分类
C. 按名称分类　　　　　　　　D. 按编制的范围分类
3. 成本报表按报表编制的时间分类，可分为（　　）。
A. 定期报表　　　　　　　　　B. 主要产品单位成本表
C. 产品成本表　　　　　　　　D. 不定期报表
4. 成本报表的编制要求包括（　　）。
A. 数字真实、计算准确
B. 内容完整
C. 编报及时
D. 计算口径和填报方法保持各会计期间的一致性
5. 产品生产成本表（按成本项目反映）包括（　　）。
A. 直接材料　　　　　　　　　B. 直接人工
C. 制造费用　　　　　　　　　D. 在产品、自制半成品期初余额
6. 产品成本表（按产品品种反映）中单位成本包括（　　）。
A. 上年实际　　　　　　　　　B. 本年计划
C. 本月实际　　　　　　　　　D. 本年累计实际平均
7. 主要产品单位成本表基本部分包括（　　）。
A. 产量　　　　　　　　　　　B. 产品名称
C. 销售单价　　　　　　　　　D. 成本项目
8. 通过编制制造费用明细表，企业可（　　）。
A. 计算企业产品的单位成本　　B. 考核费用计划执行情况
C. 发现费用项目超支或节约及其原因　D. 为编制计划和预测未来水平提供依据
9. 制造费用明细表的结构包括（　　）。
A. 本年计划数　　　　　　　　B. 上年同期实际数
C. 本月实际数　　　　　　　　D. 本年累计数
10. 成本分析的意义有（　　）。
A. 正确认识、掌握和运用成本变动的规律，实现降低成本的目标
B. 有助于进行成本控制，正确评价成本计划完成情况
C. 为制订成本计划、经营决策提供重要依据
D. 完善企业成本管理制度，指明成本管理工作的努力方向
11. 成本分析的一般程序包括（　　）。
A. 明确分析目标，制订分析计划
B. 广泛收集资料，掌握全面情况
C. 从总体分析入手，深入进行因素和项目分析
D. 编写成本分析报告
12. 成本分析的方法有（　　）。
A. 比较分析法　　　　　　　　B. 比率分析法

C. 连环替代法　　　　　　　　　D. 差额计算法
13. 因素替换的顺序性是指（　　　）。
A. 先数量指标　　　　　　　　　B. 后质量指标
C. 先实物量指标　　　　　　　　D. 后价值量指标
14. 比率分析法包括（　　　）。
A. 相关指标比率分析法　　　　　B. 构成比率分析法
C. 动态比率分析法　　　　　　　D. 连环比率分析法
15. 可比产品成本降低任务完成情况的因素分析中，影响因素主要有（　　　）。
A. 产品产量　　　　　　　　　　B. 产品品种构成
C. 产品单位成本　　　　　　　　D. 产品质量

三、判断题

1. 成本报表从实质上看，它是企业内部成本管理的报表，是为企业内部管理需要而编制，对加强成本管理、提高经济效益有着重要的作用。（　　　）

2. 反映成本计划执行情况的报表主要分为全部产品生产成本表、主要产品单位成本表等。（　　　）

3. 产品生产成本表、主要产品单位成本表、制造费用明细表、管理费用明细表、销售费用明细表、财务费用明细表等就属于不定期成本报表。（　　　）

4. 成本报表的设置要求数字真实、计算准确、内容完整、编报及时、计算口径和填报方法保持各会计期间的一致性。（　　　）

5. 产品生产成本表一般可分为两类，一是按照成本项目反映，二是按照产品的类别反映。两种报表有不同的结构。（　　　）

6. 在产品成本表中，"上年实际"栏应根据上年12月份编制的产品生产成本表中"本年累计实际"栏内的金额填列。（　　　）

7. 主要产品单位成本表是反映企业在一定时期内（月份、季度、年度）生产的各种主要产品单位成本的构成和各项主要经济指标执行情况的成本报表，是产品生产成本表的必要补充。（　　　）

8. 成本分析是为满足企业管理层的需要，充分利用成本核算及相关资料，掌握成本水平与构成的变动情况，系统研究影响成本升降的各因素及其变动的原因，寻找降低成本的途径的一种管理活动。（　　　）

9. 比较分析法是指通过对指标的计划数相互进行对比，从数量上确定差异的一种分析方法。（　　　）

10. 比率分析法实质上也是一种比较分析法，是相对数指标的实际数与基数的对比分析。（　　　）

11. 连环替代法是将各个因素的基数按顺序替换为实际数，计算出几个相互联系的因素对综合经济指标变动影响程度的一种分析方法。（　　　）

12. 全部产品生产成本计划完成情况分析可以按照项目进行分析，不可以按照产品种类进行分析。（　　　）

13. 进行可比产品成本降低计划完成情况分析，不需要取得可比产品成本降低计划指标和计划完成情况的资料。（　　）

14. 产品品种比重变动对成本降低额的影响＝本期实际上年单位成本计算的累计总成本－本期实际本年计划单位成本计算的累计总成本－本期实际上年单位成本计算的累计总成本×计划降低率。（　　）

15. 企业的全部产品可分为可比产品和不可比产品，所以按照产品类别进行产品成本分析，需要使用本年实际总成本与计划总成本相比较，以帮助企业分析全部产品的成本情况。（　　）

四、简答题

1. 简述成本报表的作用。

2. 简述成本报表的分类。

3. 成本报表的设置要求有哪些？

4. 成本报表的编制要求有哪些？

五、技能操作题

1. 根据表 8-1，用连环替代法分析该企业产品直接材料差异。完成表 8-2 产品直接材料费用差异分析计算表。

表 8-1　　　　　　　　　　××企业材料成本各项资料

项目	单位	计划数	实际数	差异
产品产量	件	30	35	5
材料消耗	千克	26	25	-1
材料单价	元	120	110	-10
材料总成本	元	93 600	96 250	2 650

表 8-2　　　　　　　　　　产品直接材料费用差异分析计算表

替换次数	因素			编号	替换后影响程度	差异	产生差异的因素
	产品产量	材料消耗	材料单价				
基数							
1							
2							
3							
各项因素影响合计							

2. 根据表 8-1 的资料，使用差额计算法计算直接材料费用差异。

3.（1）根据表 8-3 资料，完成可比产品成本计划降低任务表的填写。

表 8-3　　　　　　　　　　可比产品成本计划降低任务表

可比产品	全年计划产量	单位成本		本年累计总成本		计划降低任务	
		上年实际	本年计划	按上年实际	按本年计划	降低额	降低率
A	150	48	46	7 200	6 900		
B	300	120	105	36 000	31 500		
产品生产成本合计				43 200	38 400		

（2）完成表 8-4 可比产品成本实际完成情况表。

表 8-4　　　　　　　　　　可比产品成本实际完成情况表

可比产品	实际产量	单位成本			本年累计总成本		降低任务		
		实际单位成本	上年实际	本年计划	上年实际	本年计划	本年实际	降低额	降低率
A	160	50	48	46	8 000	7 360			
B	290	110	120	105	34 800	30 450			
合计					42 800	37 810			

（3）根据表 8-5 编制可比产品成本因素变动分析表。

要求：写出每一个因素的计算过程。

表 8-5　　　　　　　　　　可比产品成本因素变动分析表

影响产品成本变动因素	变动额	变动率
产品产量		
产品结构		
单位成本		
实际比计划降低		

4. 根据表 8-6 中信息，完成主要产品单位成本的因素分析。

（1）填制表 8-7 主要产品单位成本因素变动分析表。

表 8-6　　　　　　　　　　主要产品单位成本因素表

成本项目	历史先进水平	上年实际平均	本年计划	本年实际平均	本月实际
直接材料	850	860	855	852	853
燃料及动力	60	66	63	63	62
直接人工	120	135	125	130	125
制造费用	250	260	255	252	255
产品单位成本	1 280	1 321	1 298	1 297	1 295

表 8-7　　　　　　　　　　主要产品单位成本因素变动分析表

成本项目	历史先进水平	上年实际平均	本年计划	本年实际平均	本月实际	差异			
						比历史先进水平	上年实际平均	比本年计划	比本年平均
直接材料	850	860	855	852	853				
燃料及动力	60	66	63	63	62				
直接人工	120	135	125	130	125				
制造费用	250	260	255	252	255				
产品单位成本	1 280	1 321	1 298	1 297	1 295				

(2) 根据表 8-8 主要产品单位成本直接材料费用变动分析表,完成直接材料费用变动分析。

表 8-8　　　　　　　　主要产品单位成本直接材料费用变动分析表

原材料名称	材料耗用数量		单价		直接材料费用		直接材料费用差异	
	本年计划	本年实际	本年计划	本年实际	本年计划	本年实际	数量	金额
甲	300	320	25	24	7 500	7 680		
乙	600	620	55	50	33 000	31 000		
合计					40 500	38 680		

(3) 根据表 8-9 主要产品直接人工费用变动分析表,完成直接人工费用变动分析。

表 8-9　　　　　　　　主要产品直接人工费用变动分析表

产品名称	单位工时		小时工资成本		直接人工费用		直接材料费用差异	
	本年计划	本年实际	本年计划	本年实际	本年计划	本年实际	数量	金额
A	40	42	35	32	1 400	1 344		
B	60	55	30	28	1 800	1 540		
合计					3 200	2 884		

(4) 根据表 8-10 主要产品制造费用变动分析表,完成直接人工费用变动分析。

表 8-10 主要产品制造费用变动分析表

产品名称	单位工时消耗		单位工时制造费用		制造费用		制造费用差异	
	本年计划	本年实际	本年计划	本年实际	本年计划	本年实际	数量	金额
A	60	55	250	240	15 000	13 200		
B	80	75	350	360	28 000	27 000		
合计					43 000	40 200		

项目九

其他行业成本核算

一、单项选择题

1. 下列属于商品流通企业关键业务的是（　　）。
   A. 购进　　　　　　　　　　　B. 销售
   C. 储存　　　　　　　　　　　D. 购进和销售
2. 商品流通企业成本费用包括商品流通费和（　　）。
   A. 税金　　　　　　　　　　　B. 商品进价成本
   C. 运输费用　　　　　　　　　D. 保险费
3. 使用归集分配法分配采购费用时，对于企业来说，选择方法更具有实际意义的是（　　）。
   A. 逐笔确认法　　　　　　　　B. 直接损益法
   C. 费用比例法　　　　　　　　D. 结构比例法
4. 在采购过程中，将金额较小的采购费用直接计入当期损益的方法是（　　）。
   A. 个别计价法　　　　　　　　B. 先进先出法
   C. 归集分配法　　　　　　　　D. 直接计入损益法
5. 核算商品加工成本的会计科目是（　　）。
   A. "库存商品"　　　　　　　　B. "在途物资"
   C. "原材料"　　　　　　　　　D. "委托加工物资"
6. 下列不属于损益类科目的是（　　）。
   A. "主营业务收入"　　　　　　B. "主营业务成本"
   C. "销售费用"　　　　　　　　D. "商品进销差价"
7. 下列不属于商品成本的是（　　）。
   A. 商品进价成本　　　　　　　B. 商品销售成本
   C. 商品加工成本　　　　　　　D. 进项税额
8. 将每次支付的采购费用直接计入相关购进商品成本价的核算方法是（　　）。
   A. 归集分配法　　　　　　　　B. 逐笔确认法
   C. 直接计入损益法　　　　　　D. 加权平均法
9. 经营易变质鲜活商品的企业，适用的核算销售成本方法是（　　）。

A. 个别计价法 B. 先进先出法
C. 加权平均法 D. 移动加权平均法

10. 企业在从事商品购进、调拨、储存、销售等活动或提供劳务过程中发生的费用支出称之为（　　）。

A. 主营业务成本 B. 商品进价成本
C. 商品流通费 D. 商品销售成本

11. 企业在计算存货成本时，可以使用顺算法和（　　）。

A. 毛利率法 B. 倒算法
C. 移动加权平均法 D. 分组法

12. 物流企业汽车运输业务应负担的直接材料、直接人工、其他直接费用和营运间接费用构成了（　　）。

A. 仓储成本 B. 装卸成本
C. 汽车运输总成本 D. 单位运输成本

13. 在实际工作中，汽车运输企业使用的成本核算单位是（　　）。

A. 吨 B. 公里
C. 元 D. 千吨公里

14. 对于外胎采用一次性摊销法的企业，领用外胎时可记入（　　）。

A. "原材料" B. "库存商品"
C. "低值易耗品" D. "主营业务成本"

15. 物流企业中车辆的固定资产计提折旧一般使用（　　）。

A. 年限法 B. 直线法
C. 双倍余额递减法 D. 工作量法

16. 房地产开发企业的主要业务是（　　）。

A. 开发土地 B. 配套设施建设
C. 房地产开发 D. 代建工程

17. 房地产开发企业开发过程中产生的期间费用应当计入（　　）。

A. 当期损益 B. 土地开发成本
C. 房地产开发成本 D. 配套设施开发成本

18. 开发期间费用期末分配后不应当计入（　　）。

A. 主营业务成本 B. 房屋开发成本
C. 土地开发成本 D. 代建工程开发成本

19. 企业为有偿转让而开发的商品土地，开发完成后，应将其实际成本转入（　　）。

A. 开发产品 B. 开发成本
C. 开发期间费用 D. 主营业务收入

20. 用于核算企业在土地、房屋、配套设施和代建工程的开发过程中，所发生的各项费用的科目是（　　）。

A. "开发产品" B. "开发期间费用"
C. "主营业务成本" D. "开发成本"

二、多项选择题

1. 商品流通企业按照其在社会再生产过程中作用的不同，可以分为（　　）。
   A. 批发企业　　　　　　　　　　B. 零售企业
   C. 大型超市　　　　　　　　　　D. 小型超市

2. 为实现商品流转，商品流通企业通过的经营业务有（　　）。
   A. 购进　　　　　　　　　　　　B. 销售
   C. 储存　　　　　　　　　　　　D. 调拨

3. 一般来说，商品成本分为（　　）。
   A. 商品采购成本　　　　　　　　B. 商品销售成本
   C. 商品存货成本　　　　　　　　D. 商品加工成本

4. 对于采购成本的核算，一般可以采用的核算方法是（　　）。
   A. 逐笔确认法　　　　　　　　　B. 归集分配法
   C. 直接计入损益法　　　　　　　D. 费用比例法

5. 存货计价方法一般包括（　　）。
   A. 数量进价金额核算法　　　　　B. 数量售价金额核算法
   C. 售价金额核算法　　　　　　　D. 进价金额核算法

6. 零售企业已销商品进价差价的计算方法有（　　）。
   A. 综合差价率计算法　　　　　　B. 分组差价率计算法
   C. 实际差价计算法　　　　　　　D. 毛利率计算法

7. 商品加工成本包括（　　）。
   A. 耗用的库存商品　　　　　　　B. 加工费
   C. 运输费　　　　　　　　　　　D. 装卸费

8. 按照商品销售成本结转的时间划分，商品销售成本结转的方法有（　　）。
   A. 逐日结转　　　　　　　　　　B. 定期结转
   C. 分散结转　　　　　　　　　　D. 集中结转

9. 计算商品销售成本的主要方法有（　　）。
   A. 个别计价法　　　　　　　　　B. 先进先出法
   C. 移动加权平均法　　　　　　　D. 加权平均法

10. 商品销售成本应包括（　　）。
    A. 商品购入价　　　　　　　　　B. 运费
    C. 保管费　　　　　　　　　　　D. 包装费

11. 按照物流企业的业务特征，成本费用一般包括（　　）。
    A. 运输业务成本　　　　　　　　B. 仓储成本
    C. 装卸成本　　　　　　　　　　D. 配送业务成本

12. 运输成本的计算期一般包括（　　）。
    A. 月　　　　　　　　　　　　　B. 季
    C. 半年　　　　　　　　　　　　D. 年

13. 按照企业经营特点和范围，房地产开发企业成本包括（　　）。
    A. 主营业务成本　　　　　　　　B. 生产成本
    C. 开发成本　　　　　　　　　　D. 期间费用
14. 按照开发产品分类，房地产开发成本以用途划分为（　　）。
    A. 土地开发成本　　　　　　　　B. 房屋开发成本
    C. 配套设施开发成本　　　　　　D. 代建工程开发成本
15. 土地开发成本核算的内容包括（　　）。
    A. 土地使用权成本　　　　　　　B. 土地征用及拆迁补偿款
    C. 前期工程费　　　　　　　　　D. 基础设施费

三、判断题

1. 商品流通企业的商品采购成本只包括商品采购价。（　）
2. 数量进价金额核算法适用于商品零售企业。（　）
3. 售价金额核算法适用于商品批发企业。（　）
4. 使用进价金额核算法计算存货成本，一般适用于经营鲜活商品的零售企业。（　）
5. 毛利率法是指根据本期商品销售收入乘以上季度实际毛利率，或本季度计划毛利率，推算出商品销售毛利，进而推算出商品销售成本的一种方法。（　）
6. 商品流通企业为了反映和监督加工商品的成本，企业应设置"主营业务成本"科目。（　）
7. "商品进销差价"科目属于资产类科目，本科目核算从事商品流通的企业采用售价金额核算的情况下，其商品售价与进价之间的差额，属于"库存商品"的备抵科目。（　）
8. 采用逐笔确认法分配采购费用，可以是进价比例法，也可以是重量比例法或体积比例法。（　）
9. 加权平均法是指以各次收入数量和金额与各次收入前的数量和金额为基础，计算出移动加权平均单价，再乘以销售数量计算商品销售成本的一种方法。（　）
10. 运输业务成本是指物流企业运用各种运输工具及其设备，为客户提供货物在物流结点之间流动的服务过程中产生的成本。（　）
11. 对于以特种大型车、集装箱车、零担车、冷藏车、油罐车从事运输业务的物流企业，应以不同类型、不同用途车辆所提供的运输服务分别作为单独的成本计算对象。（　）
12. 实行满油箱制的物流企业，应在月末实地测量车辆油箱的存油数，并根据当月的领用数，计算车辆当月实际耗用的燃料数。（　）
13. 对于有固定车辆的驾驶员和助手的工资，物流企业可以根据工资汇总表直接列入各成本核算对象的明细账户中。（　）
14. 期末，物流企业各部门归集的营运间接费用应按照一定的标准在各成本核算对象内进行分配。（　）
15. 房地产开发企业的开发成本应当直接计入当期损益。（　）

四、简答题

1. 商业企业购进的商品,按采购渠道及类型划分,采购成本核算有哪几种情况?

2. 简述数量进价金额核算的方法。

3. 什么是分类(组)差价率计算法?其特点是什么?

4. 简述加权平均法的特点。

5. 简述汽车运输企业运输成本的核算对象。

6. 简述直接材料中燃料费用的归集与分配方法。

7. 简述土地开发成本确定成本核算对象的原则有哪些？

8. 简述房地产开发企业开发间接费用的组成内容。

五、技能操作题

1. 某公司是一家商业企业，属于一般纳税人，对库存商品采用进价核算，进货费用采用归集分配法进行分摊。该公司期末结存商品金额为 300 万元，本期销售商品金额为 500 万元；本期应分摊的进货费用总额为 60 万元。

要求：对该公司的进货费用进行分摊并进行会计处理。

2. 某批发企业期初甲商品库存100件,单价10元,1月发生下列收入和发出业务:

(1) 1日,购入200件,单价11元。

(2) 10日,发出200件。

(3) 19日,购入300件,单价12元。

(4) 23日,发出200件。

(5) 29日,购入100件,单价11元。

要求:按先进先出法登记甲商品明细账,并将每次销售发出的商品进行成本结转(见表9-1)。

表9-1

品名 甲商品
规格
单位 件

库存商品明细账

XXXX年		凭证号数	摘要	收入			发出			结存		
月	日			数量	单价	金额	数量	单价	金额	数量	单价	金额

3. 某批发企业甲商品本月发生下列收入和发出业务:

(1) 1日,期初库存100件,每件10元。

(2) 6日,购入200件,每件11元。

(3) 13日,发出200件。

(4) 17日,购入300件,每件12元。

(5) 20日,发出200件。

(6) 27日,购入100件,每件11元。

要求：按移动加权平均法计算甲商品成本，结转销售商品成本（计算出的单价四舍五入，保留两位小数）。

4. 某企业采用售价法进行库存商品的日常核算。本月末，该企业零售商品有关计算分摊进销差价资料如表9-2所示。

表9-2

营业组	期末分摊前"商品进销差价"账户余额	月末"库存商品"账户余额	本月"主营业务收入"账户贷方发生额
百货	38 000	70 000	130 000
五金	70 000	118 000	232 000
服装	180 000	450 000	550 000
副食	240 000	538 000	662 000
合计	528 000	1 176 000	1 574 000

要求：计算各组已销商品进销差价填入表9-3，并进行会计处理。

表9-3　　　　　　　　已销商品进销差价计算表

营业组	期末分摊前"商品进销差价"账户余额	月末"库存商品"账户余额	本月"主营业务收入"账户贷方发生额	进销差价率	已销商品进销差价	库存商品进销差价
百货	38 000	70 000	130 000			
五金	70 000	118 000	232 000			
服装	180 000	450 000	550 000			
副食	240 000	538 000	662 000			
合计	528 000	1 176 000	1 574 000			

5. 某物流公司本月各部门发生的工资总额为 130 400 元，其中：一车队 50 200 元，二车队 47 800 元，运输分公司 7 200 元，管理部门 11 000 元，驾驶员和助手 4 600 元。该月一车队营运货物 960 千吨/千米，二车队营运货物 880 千吨/千米。要求根据资料分配工资费用并作会计处理。

6. 某物流公司对燃料汽油采用实地盘存制。12 月 31 日，燃料耗用汇总表如表 9－4 所示，要求：完成表内空白栏计算并进行会计处理。

表 9－4　　　　　　　　　　　　　　燃料耗用汇总表

数量单位：升
金额单位：元

燃料名称：汽油　　　　　　××××年12月31日

领用部门	月初车存数量	本月领用数量	用末车存数量	本月耗用数量	加权平均单价	本月耗用金额
一车队	2 000	21 000	2 050		6.60	
二车队	1 850	18 900	1 950		6.60	
运输分公司	40	410	50		6.60	
管理部门	60	920	80		6.60	
合计						

7. 某房地产开发企业在本月发生的开发间接费用为 43 200 元,各相关开发产品项目直接成本汇总表如表 9-5 所示。要求:分配开发间接费用并进行会计处理。

表 9-5　　　　　　　　某房地产企业相关直接成本汇总表　　　　　　　　单位:元

开发产品编号	名称	直接成本
101	商品房 A	50 000
102	商品房 B	120 000
103	出租房	75 000
104	周转房	70 000
201	大配套设施——商场	60 000
301	商品性土地	105 000
合　计		480 000

8. 某房地产开发企业于本月接受市政工程管理部门的委托，代为扩建开发小区旁的北京路。企业接受委托后将该工程发包给红云路桥建筑公司施工。

要求：根据本月发生的经济业务进行会计处理。

（1）以银行存款支付土地征用及拆迁补偿款 320 000 元。

（2）以银行存款支付勘察设计等前期工程费 150 000 元。

（3）收到红云路桥建筑公司的工程价款结算账单，要求结算基础设施工程价款 550 000 元，经审核无误后以银行存款支付。

（4）分配结转北京路工程应负担的开发间接费用 60 000 元。

（5）月末，北京路扩建工程竣工并验收合格，结转其实际开发成本。